KNIGHTS
BRIDGE
Portobello RD.
REGENTS
Park
OXFORD
street
PICCADILLY
2218 BAKER ST
WEST
MINSTER
MIND THE GAP
SOUTHBANK
LONDON
TATE MODERN
BOROUGH
Market
The
Tower
CAMDEN
town
CRYSTAL palace
COLUMBIA RD
Flower Market
the city

LONDON
LONDON
LONDON

到伦敦，泡博物馆

王晓予 著

河南科学技术出版社
·郑州·

图书在版编目（CIP）数据

到伦敦，泡博物馆 / 王晓予著. — 郑州 ：河南科学技术出版社，2013.4
ISBN 978-7-5349-5998-1

Ⅰ. ①到… Ⅱ. ①王… Ⅲ. ①博物馆—介绍—伦敦市 Ⅳ. ①G269.561

中国版本图书馆 CIP 数据核字（2012）第 215738 号

出版发行：河南科学技术出版社
地址：郑州市经五路66号　邮编：450002
电话：（0371）65737028　65788613
网址：www.hnstp.cn
策划编辑：张　伟　李迎辉
责任编辑：姚翔宇
责任校对：柯　姣
书籍设计：张　伟　王晓予
责任印制：张　巍
印　　刷：郑州新海岸电脑彩色制印有限公司
经　　销：全国新华书店
幅面尺寸：170 mm × 230 mm　印张：16.25　字数：370千字
版　　次：2013 年4月第1版　2013 年4月第1次印刷
定　　价：58.00元

序一

王晓予老师是郑州大学美术学院一名年轻的"老教师"，1993年大学毕业来到郑州大学任教。19年来认认真真做人、勤勤勉勉做事，获得了许多科研奖励与教学荣誉。她曾多次被评为郑州大学"三育人"先进个人、厅级优秀教师、省级优秀教师，是河南省设计专业唯一一名国家留学基金委员会公派访问学者，还是河南省第一位考取博士的平面设计专业教师。特别是今年，王晓予老师可以称得上是郑州大学的一个名人了，由她设计开发的郑州大学手绘地图在社会上引起了热烈反响，大大提升了郑州大学的形象，为学校做了一件好事。

我与王晓予老师见面次数也不多，但是她却给我留下了深刻的印象。2009年底，我与几位同事到英国出差，恰逢王晓予老师在伦敦做访问学者。她陪同我们在伦敦市区逛了一天，其间边走边向我们介绍伦敦的文化、风俗、交通以及许多有用的信息，娓娓道来，如数家珍，这使我十分惊讶……因为那时她到伦敦也才不过两个月的时间，竟能如此了解并自如地游走在这个全新的文化环境之中了。兴趣广泛、见解独特、热情随和、忙碌高效是我对王晓予老师的第一印象。

回国后仅有的几次偶遇，晓予老师都是一副开开心心、忙忙碌碌的样子，没有客套的寒暄，也从来没有抱怨，只是打个招呼报告个好消息：又做出什么设计了，又得了什么奖了……

这次晓予老师请我给她的专著写序，是因为我多少了解一些她在英国的研究经历。王晓予老师在伦敦一年时间，除了调研并参与英国的策展专业的学习与考察之外，还实地走访了近百家博物馆，拍摄了2万多张照片，写下了10万字的心得笔记。对于相对轻松的访问学者而言，这种状态是不多见的，晓予老师的勤奋一定是基于她对专业的热爱和积极的人生态度！这本书中的14家主题博物馆不是普通游客的旅游线路中包含的、大家耳熟能详的诸如大英博物馆、自然历史博物馆之类的名气很大的博物馆，而是能从细节方面生动反映真实的英国社会及文化历史的特殊主题博物馆。虽然这些博物馆早已成为英国民众日常生活的重要组成部分，却由于各种原因尚不为国人所知。晓予老师以专业人员的敏感和使命感抓住了这个题目并承担了这份责任，历时两年，倾其时间、精力和热情完成这本书稿的写作。1 000多张照片的选择处理、大量英文资料的翻译整理、背景知识的查实求证以及复杂的版式设计安排，工作强度之大难以想象。这本书信息量极大，是一本了解英国历史文化以及社会生活的好书。同时，这本书介绍的信息对于国内蓬勃发展的博物馆业也有一定的借鉴意义。

晓予老师请我为本书作序，我欣然应允，写下这篇“非专业”的短文，以此表达对晓予老师学术事业发展的更大希望！

中共郑州大学党委书记　郑永扣

2012年8月

序二

漂亮的女人也疯狂

王晓予原来只是我的邻居，一个白里透红、与众不同的格外漂亮的姑娘。我看着她大学毕业，看着她结婚生子，看着她读研究生读博士，看着她成长为郑州大学的教授，就像我看着她抽枝发芽，看着她开花结果一样。多少年来，虽然早已经不再是邻居，我们仍然保持着偶然的联系。在我的老经验里，像她这样漂亮的女人，只凭着天生的人力资源就可以生活得很好。没有必要艰苦奋斗，没有必要打拼和努力。然而，奇迹就出现了，当她把这部厚厚的书稿送给我看的时候，着实让我吃惊让我瞠目结舌。我这才想到，一个人为了事业、为了梦想什么都可以付出，漂亮的女人也疯狂。

大概两年前，王晓予作为访问学者，到英国进行专业深造。她一手拉着硕大的行李箱，一手牵着自己的女儿，操着结结巴巴的英语，就贸然来到了英国的伦敦。你不得不佩服，改革开放以后我们中国人的胆量。这年头似乎只有想不到的，没有做不到的事情。从此，王晓予就开始了她在英国伦敦的无比艰苦的研究工作，从最初的熟悉语言开始，迅速就切进了主题研究领域。

就我了解的访问学者，一般来说大多都是一边学习一边旅游。王晓予不同，这是一个对获取知识近乎贪婪的女人，如同海绵吸水，她张开了浑身的毛孔拼命吸收欧洲文化的芬芳。除了主题研究领域之外，她利用一切时间去泡伦敦那些大大小小的博物馆，有些博物馆甚至从来没有中国人去过，一年时间她几乎泡遍了伦敦近百家形态差异很大的博物馆，并且认真做心得笔记、进行实地拍照，积累了丰厚的资料。为了不使这本书太厚，也为了让读者能了解那些一般渠道无法获知的博物馆信息，收入书里的14家博物馆都是她精选出来的。并且，这不只是资料的积累。我看过这部书稿以后，发现里边处处都有她独到的感受和欣赏，可谓图文并茂，风趣幽默，格外有味道。

欧洲的博物馆和中国的博物馆几乎不是一个概念。我们国内的博物馆，大都由政府建造和管理，虽然恢宏和庄重，却大都一个面孔。而欧洲的博物馆更多的是由私人机构创建和管理，大小不同、风格不同，形态各种各样，确实丰富多彩。毋须讳言，由于我们国家在近当代历史上一直生活在屈辱里，只是为了生存艰苦奋斗，没有多余的财力和精力用在建造博物馆上。英国就不同了，一个老牌的帝国主义国家，全世界掠取资源，早早就富强了起来。于是，私人建造和经营博物馆早就是一种时尚和爱好。不仅如此，我在访问法国的时候，甚至还遇到职业读书的人群。有时候就想，当我们中国人在这里艰苦奋斗的时候，欧洲竟然有人专门在那里玩耍、在那里摆弄文化，就觉得这个世界真是不公平。

现在好了，随着我们国家经济的发展和繁荣，我们也开始重视并且有能力、有精力进行文化建设了。在这个时候，对于西方博物馆文化的了解和认识，就到了迫切需求的程度。王晓予在这个时候推出这部厚重的关于英国伦敦博物馆的书，就显得恰到好处。

就伦敦博物馆而言，特别是范围甚广的主题博物馆，向我们展现的不仅仅是物质的纪念，最为重要的是过往的历史尤其是细节，向我们全面展现的是英国人的生活方式和思想痕迹。比如，书中川宁红茶博物馆和福尔摩斯博物馆的一些细节实在让人着迷。

好像说多了吗？确实没有想到，当年的一位美丽的女邻居能够带给我阅读的欢乐。一个漂亮的女人做起学问来也无比疯狂。

这就是我们中国人的勤奋和努力！

我为晓予自豪！

是为序！

张　宇

2012年7月

前言

从2009年9月至2010年9月，笔者有幸作为国家留学基金管理委员会的公派访问学者，到英国伦敦进行为期一年的独立研究工作。这次访学的主要目的是考察当代英国艺术设计教育的现状，全面深入地了解一个目前在国内刚刚兴起的专业——博物馆展会的策展设计在英国的发展状况。在此期间，依托专业研究者的身份和所属大学的有利资源，笔者走访了大量的博物馆、画廊及各种展示中心和收藏机构，从中深刻体会到博物馆在传承人类文明、宣扬民族精神、保护国家历史文化遗产、承担公众教育，甚至是维持社会健康可持续发展方面所起的重要作用。可以毫不夸张地说：博物馆在英国的社会生活中扮演着一个极其重要、不可替代的社会角色。

在现代欧洲文化模式中，博物馆是欧洲特色文化的一个重要组成部分。虽然由于定义的不同，很难就博物馆的数量给出一个准确的数字，但目前公认的结论是欧洲现在至少拥有13 500家博物馆、画廊、艺术机构、收藏和展示中心，其中大约5 000家在英国。除此以外，还有12 000家博物馆分布在世界的其他地方。

伦敦或许不是世界上最富有的城市，也不是最繁华的城市，更不是最时尚、最浪漫的城市，但伦敦却是艺术家和旅游者的天堂，因为伦敦拥有数量众多的博物馆和画廊。据伦敦市政府的官方统计，伦敦现有博物馆300余家，这些形形色色的博物馆涉及英国文化、历史和社会生活的各个方面。

通过反复比较，本书精选了伦敦14家极具特色的主题博物馆。这些博物馆无论从收藏主题、场馆规模、展出形式、设计风格，还是从社会知名度、参观人数等方面都存在巨大差异。这些主题博物馆由于其藏品定位过于专业和小众，很难作为旅游点纳入旅行社的游览内容，因此从参观人数和名气上看好像并没有什么可以炫耀的。但笔者从不认为展馆的规模、参观人数甚至知名度是衡量博物馆价值的主要因素，专题博物馆的“专”和“精”就是它们最大的特色，也是最突出的优势。

为了尽可能使广大读者对这些博物馆有直观形象的认识与了解，笔者从30 000多张照片中精选了近1 000张，辅以精练的文字对其进行客观描述，力图真实再现博物馆空间。由于英汉互译时难免会造成信息失准，所以笔者在写作时保留了许多关键人名、地名的英文拼写，以方便有兴趣的读者进一步查证。在博物馆基本信息这一部分，地址和车站名都是英文，笔者之所以没有按译音翻译成中文，主要是考虑到如果读者有机会到伦敦参观这些博物馆，只能按照英文拼写查找地图，这是最科学也是最方便的途径，而所有地图上标注的街道站点一定都是英文拼写。在伦敦，除了唐人街这个特殊区域的路牌上有音译的汉语路名以外，其他区域均为英文，至今没有统一的汉语翻译，笔者恐译成中文反而会给大家的出行带来不必要的麻烦。对于博物馆楼层的标注也是尽可能按照英国的文化习惯，一层为G层，从二层往上才依次是我们中国人概念中的一、二、三、四层等。

本书所有信息均来自作者本人的实地考察和博物馆官方资料，绝大多数照片的拍摄日期为2010年10月之前，亦有少量照片是笔者在编写此书过程中请英国的朋友帮忙补拍的。每家博物馆的首页都有博物馆的区域地图、地址、开放时间、票价与交通等实用信息，虽然笔者编写这些信息时再次专门查证了当前的博物馆最新信息，但由于信息的时效性和图书出版的滞后，不排除某些信息会有变化，敬请广大读者谅解。

笔者本着实事求是的原则编写此书，希望能全方位、多维度地向读者呈现英国博物馆的真实面貌，为国内读者了解英国博物馆提供一个便捷的途径。由于本人写作水平与知识结构所限，恐难将这些主题各异的博物馆写得深入而专业，如有不实之处恳请各位专家、读者批评指正，不吝指教。

王晓予

2012年仲夏

目录

MIND THE GAP
LONDON
CALLING
WC

英国博物馆业概况

在英国，绝大多数博物馆实行的是免费参观与门票分级双轨并行的收费制度。门票分级收费制度就是根据参观者的身份，年龄，所属组织、团体或散客以及其他一些更细致的划分标准，定出不同的门票价格。但即使完全收费的博物馆，仅靠门票收入也难以支撑其正常运营，因此博物馆的经费来源主要是社会资金。事实上大多数博物馆都有自己相对稳定的资金来源，包括相关政府机构、基金会、慈善组织、各大财团、商家和私人赞助等。博物馆的资金构成和数额每年都不会完全一样，获得资金的多少很大程度上取决于博物馆自身的表现。那些公共服务体系健全、活动搞得多、公众评价好、有较高社会认可度的博物馆，就比较容易得到多方面的赞助与支持。所以，博物馆总是想尽一切办法，采取各种方式扩大宣传，吸引参观者，同时保持常态的广泛调研，了解公众的想法和需求，不断改进服务、策划好的项目，调动并迎合公众的需求。总而言之，博物馆会想方设法做好展览使参观者满意，公众的口碑是博物馆生存的基础和保障。博物馆凭借好的名声来获得更多的社会捐款和基金支持，有了资金便能更好地发展自己、吸引更多的观众。多年来，这样的经营方式已经形成了良性循环。

在积极争取外部资金的同时，博物馆也会充分利用自身优势，诸如优越的地理位置、丰富的藏品、专业化的人员以及宽敞的会议空间和完善的配套设备等增加收入。博物馆常常会以优惠的价格、周到的服务积极吸引相关公司、机构和个人租用博物馆的场地、举行学术会议及各种专业活动。这不仅为博物馆带来一些额外收入，更重要的是在更广泛的领域内宣传了自己，这一点对博物馆的长远发展更加重要。

许多欧洲的博物馆本身也是正式注册的慈善机构，在接受社会捐助的同时也在回馈社会。这一点可以从博物馆所做的大量针对公众教育的无偿社会服务活动中清晰地感受到。

英国博物馆的工作人员除了少数专职人员以外，大多都是志愿者。据英国博物馆、图书馆和档案馆委员会(MLA)的统计数据显示：在各博物馆工作的志愿者比例普遍达到50%以上，有些博物馆甚至完全是靠志愿者运行的。绝大多数博物馆都有常设部门不间断招收志愿者，而众多不同阶层、不同年龄、不同教育背景的人也乐意去博物馆当志愿者，做志愿者早已经成为英国人的常态行为。与那些重大活动中的志愿者多是短期行为的参与方式不同，博物馆作为一个常设机构，展示的藏品具有相对的专业性、稳定性，志愿者上岗前都要接受专业培训，以便能更好地为参观者服务。所以博物馆招募的志愿者都能够在一段较长的时间内为博物馆服务。

在英国，博物馆和其他蕴藏着巨大教育资源的公益机构一样必须承担社会服务的职责。早在1928年，英国人迈尔斯（Miers）就提出了博物馆的功能应该由收藏研究转变为教育。19世纪后期到20世纪的前半期，欧洲博物馆经历了由解释藏品的内涵到进行公众教育的第一次革命。教育功能的实现使博物馆融入普通民众的生活，这表明博物馆收藏、研究的最终目的是为了教育。1972年，联合国教育、科学及文化组织与国际博物馆协会在智利首都圣地亚哥举行了圆桌会议——“博物馆与当代社会”，这次会议彻底改变了博物馆的原有定义，并再次明确博物馆是承担社会、环境、科技、教育相关职能的社会文化服务机构，这被称为博物馆发展史上的第二次革命。

保护藏品、展示藏品只是博物馆的工作方式而不是博物馆存在的最终目的。博物馆不应该是一座存放古旧物品的仓库，而应该成为一个以人为本、服务于民的学术殿堂。目前世界各国都在大力提倡终身教育，博物馆以其无以匹敌的教育资源，在满足公众学习愿望方面起着不可替代的作用。

值得一提的是，现在的英国博物馆界正在实现角色的第二次转变。很多博物馆已把原有的“教育部”改成了“学习部”，这意味着长期以来博物馆作为“施教者”、公众作为“受教者”的观念正在发生改变，博物馆与公众逐步转变成平等互动关系。越来越多的博物馆在策展设计时考虑到了这一变化，在展示空间规划中增加了更多的开放展区与互动区，以加强参观者的参与度。

因为大多数博物馆是靠各种基金会和独立机构的赞助甚至私人捐款运营的，所以树立一个良好的形象对于得到更多的资金支持至关重要。在复杂的评价体系中，参观率始终是衡量一个博物馆价值的重要指标。参观人数多在一定程度上肯定了博物馆存在的意义。保证馆藏资源的高水准和展示设计的专业化是博物馆吸引参观者的重要方式。这一点给笔者的印象极为深刻。每家博物馆无论规模大小、地处繁华闹市还是偏僻小巷，也不论展示内容是否是为大多数人所熟悉的主流文化，都在收藏品的遴选和展示策划方面下足了功夫，每一家博物馆都给笔者带来不同的惊喜与感动。首先是藏品的收集分类与整理工作做得非常细致，其次是独特而富有个性的展示空间设计充分体现了博物馆追求特色的强烈愿望。不搞花架子、认真务实、恪尽职守履行社会赋予自己的责任是英国博物馆给笔者留下的深刻印象，我想这也应当成为所有博物馆经营者一致的追求。

ARAM
ARAM
ARAM STORE

The ARAM Store

阿兰姆展示商店

ARAM，一个自 1964 年以来英国现代家具的代名词

地址

110 Drury Lane, Covent Garden, London, WC2B 5SG

时间

周一至周三、周五、周六 10:00—18:00，周四 10:00—19:00，夏季销售季节的周日也会开放，开放时间为 12:00—18:00（6 月 17、24 日；7 月 1、8、15 日）

门票

免费

交通

乘坐地铁至 Covent Garden

ARAM是一座白色的建筑

在离伦敦中心考文花园（Covent Garden）不远，Drury Lane与Kean Street的拐角有一幢非常惹眼的白色建筑，这幢五层的白色楼房虽然也是英国传统建筑式样，但因与周边传统建筑的红砖本色外墙完全不同而显得分外突出，这就是大名鼎鼎的阿兰姆展示商店。从1973年开设至今，40年过去了，这里依然是英国的时尚前沿之一，是英国现代家具设计、展示、销售的一个重要窗口。

阿兰姆的创始人是泽夫·阿兰姆（Zeev Aram），阿兰姆设计有限公司是他在1964年和合作伙伴成立的。

1964年，泽夫·阿兰姆首先在伦敦国王路开设了第一个白色展厅，此举在那个时代相当于人类登陆月球。虽然那时人们或许可以在伦敦买到一些品牌家具——如Eames椅子的零件，但就整体来讲，当时的英国是现代家具的沙漠。但是阿兰姆开设的这间家具店几乎囊括了所有设计大师的名牌家具产品，如Castiglioni、Breuer和Le Corbusier的作品，在这里，这些作品第一次向英国大众公开销售，人们可以方便地挑选并买回放到自己家里。

入口

最初几年，这些超前的现代家具设计并不能得到大多以保守著称的英国消费者的认同。泽夫经常站在商店外面的人行道上，听着路人停下来从橱窗盯着里面明亮、洁白、不锈钢的内饰时的各式评价。大多数人都在质疑，他们问 :“谁会买这些垃圾呢? ”他们把他的展厅叫作“诊所”，并奇怪为什么有人愿意买“医院的家具”。但是泽夫并不气馁，对 33 岁的他来说这些不解并没有打击他，因为这是一个充满梦想的年纪。他说:“重要的是他们有反应，我更害怕人们只是一闪而过。”人们认为这个展厅和里面的现代家具是对英国传统文化的侮辱，他甚至开始收到恐吓邮件。

几个月后，特伦斯 · 考伦（Terence Conran）在这条路远些的地方开设了 Habitat，英国的消费者第一次对印花棉布有了不同的想法；接下来玛丽 · 匡特（Mary Quant）和她的迷你裙再一次引发了普通民众的热议……之后，类似的所谓变革越来越频繁地发生在英国社会，民众对这些新事物的抗拒也慢慢减弱了。

一层品牌家具家居展示售卖空间

40 年后，泽夫依然对他的橱窗充满激情，只不过如今的橱窗更大。泽夫 1973 年关闭了国王路上的展厅，把自己的生意移至现在的位置，在这里他专注于自己设计的同时，也成功运营着提供给建筑师与室内设计师团队的合同服务。虽然生意做得很大，但他的心一直关注着零售，因为零售是一个能让他了解大众态度的最直接的渠道。

①玄关
②收银台
③家居饰品展柜
④展厅一角
⑤独特的宣传资料陈设方式

极富设计感的椅子

这家位于伦敦市中心的阿兰姆展示商店当之无愧地成为伦敦购买顶尖家具和设计产品的首选之地。“我希望给需要顶级品质、设计和工艺的人提供足够多的选择和最棒的服务。”英国人终于拥有现代设计了，泽夫希望完善产品种类，为使用者提供完美的选择，从他最爱的Castiglioni Toio 灯具到一个大学刚毕业、尚不知名的设计师所设计的最新作品，这里都能提供各种规格、形状和颜色的选择。

二层品牌家具家居展示售卖空间

泽夫的设计欲以及对设计的追求可以说是“贪得无厌”的，同时他对新锐设计有着超乎常人的敏感。一旦有最新设计出现，他一定是第一个知道的。家具市场和毕业生的毕业设计展对他来说就像氧气一样重要。年过 50 的他又重新做回了学生，报名参加了一个设计培训课程，一周要上 5 个晚上的课，学习室内设计和家具设计。同样的经历和热情在他毕业后依然驱使他和 Erno Goldfinger、Basil Spence 爵士、Andrew Renton 一起工作，并参与了克罗尼家具展去了米兰。在米兰，他第一次遇到了意大利的新兴天才。1988 年，他举办了第一个英国家具设计专业的毕业展，集中展示了他从全国各地搜罗到的最棒的观点和创意。这项展览一直持续到 1994 年，现在已经被改成在阿兰姆展示商店内全年持续的特色展览。

连接两个展厅的坡道设计

三层品牌家具家居展示售卖空间

世界知名的爱尔兰女设计师艾琳·格雷（Eileen Gray）是阿兰姆公司独享的设计师。她不仅在建筑设计领域声名卓著，而且在体量较之堪称微小的家具设计方面也取得了非凡的成就，其家具设计所体现出的高度原创性和超越时代审美的大胆与标新立异预见到很多家居设计趋势。

vitra.
Vitra Design Museum
PETER

NEW
ARAM

钢结构楼梯仰视图及细节

艾琳·格雷是一位名副其实的开拓者，她的米其林皮椅在 1900 年完成设计，但直到 1972 年的一次拍卖会才为世人认识并风靡世界。20 世纪 70 年代早期，艾琳·格雷在她生命最后阶段所做的一件重要工作就是和当时阿兰姆的老板泽夫·阿兰姆共同努力，将其设计——主要是家具设计推广到世界的顶级家具市场。1973 年，也就是去世前三年，她正式授权给阿兰姆设计有限公司生产和销售其设计产品，独享她全部设计作品全球范围内的版权。对于使用艾琳·格雷的设计，阿兰姆公司不仅拥有世界范围内的顶级许可，而且其设计生产的产品是英国本土唯一一家名副其实的原产。阿兰姆公司永久保存着艾琳·格雷许多著名的设计原作，像蒙特卡洛沙发、E1027 可调节式桌、必比登椅以及我行我素风格的椅子。同时，阿兰姆公司授权给德国的 ClassiCon 公司，使它拥有在某一特定市场生产和销售艾琳·格雷作品的许可。

阿兰姆展示商店的第三层是所有应用艺术领域年轻天才的跳板。这里总有新鲜东西呈现。泽夫说："这里不需要色彩学的博士或设计系的教授去认可好的设计，需要的仅仅是一双智慧的眼睛和一个开放的心态。"

泽夫在商店里也销售自己的设计，包括他在 20 世纪 60 年代中期设计的玻璃桌子。泽夫不仅是一个设计师，也是一个管理者。他拥有所有重要的商业嗅觉元素、经营的手段和天才的创意，这些掌舵人必备的优秀素质引领这个家庭企业进入属于它的 21 世纪。他坚信 ARAM 品牌在销售顶级设计产品的未来更美好。

独特的展区接待台

与众不同的展示方式——
图纸与成品的解析

DESIGN MUSEUM

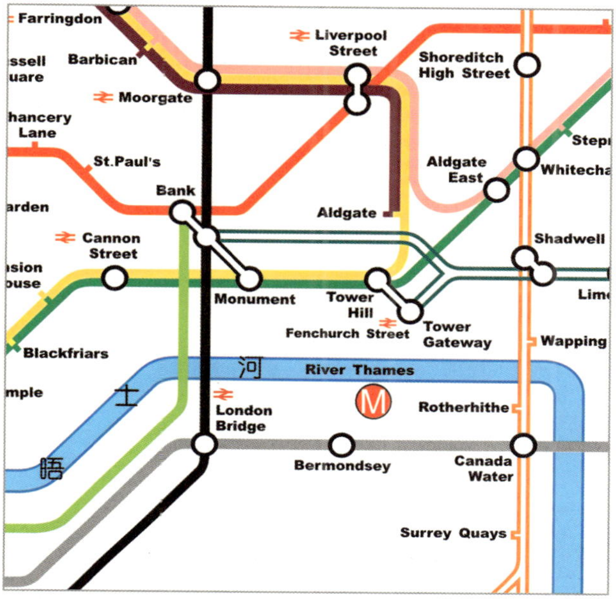

Design Museum

设计博物馆

世界首家设计博物馆

地址

28 Shad Thames, London , SE1 2YD

时间

周一至周五 10:00—17:45

12月25、26日闭馆

门票

成人：11英镑

优惠票：10英镑

学生：7英磅

会员及12岁以下免费

交通

乘坐地铁至 London Bridge

乘坐火车至 Tower Hill

除三层楼的主题展区之外，设计博物馆还包括建筑物主体外一个大约三四平方米的通体透明的展览空间，称作Design Museum Tank

在现代文化模式中，博物馆是代表欧洲特色的重要组成部分。伦敦素以博物馆、画廊众多而著称，这座古老的城市因此赢得了“博物馆之都”的美称。据伦敦市政府官方统计，按照不同的定义，伦敦现有博物馆 300 余家，其中不乏独具特色的专业博物馆。历史不长但名气不小的伦敦设计博物馆位于泰晤士河南岸，是一座白色的三层建筑物，毗邻著名的塔桥。

伦敦设计博物馆是世界首家设计博物馆，其前身是特伦斯·考伦爵士 (Terence Conran)1981 年在 V&A（维多利亚和阿尔伯特博物馆）创建的现代设计作品地下展场，随着藏品日益增多，于 1989 年迁至现址并成立设计博物馆。该博物馆主体建筑原本是一座仓库，经过康兰设计集团的设计师们一番改造，成为一座白色的、颇具国际风范的现代建筑。

伦敦设计博物馆的展品涉及范围极广，涵盖平面设计、家具设计、工业设计、多媒体设计、建筑设计、景观园林设计、装置艺术等众多领域。虽然是专业博物馆，但它并没有把自己定位为仅为小众专业人士服务的“阳春白雪”，而是始终以热情的姿态欢迎所有热爱设计的普通民众。在每年近 20 万的参观者中，绝大部分是学生和非专业设计人员甚至旅游观光者。

伦敦设计博物馆希望通过自己的努力吸引尽可能多的受众去关注设计、了解设计在社会生活中的重要性，以及设计对于人类文明进步的推动作用，进而激励人们热爱设计，从事设计。

伦敦设计博物馆的经营者希望看到每一个参观者都能为某件触动心灵的设计兴奋和激动。正是这种普及设计精神、服务大众的经营理念成就了其稳固的行业地位，同时也赢得了国际社会的赞誉。

如果从馆舍面积、经费数额、历史传统、受众范围看，伦敦设计博物馆是一座“小”博物馆；但如果从专业水准、知名度等层面评价，它却是一家有着国际影响力的文化机构。

设计博物馆一、二、三层区域展示图

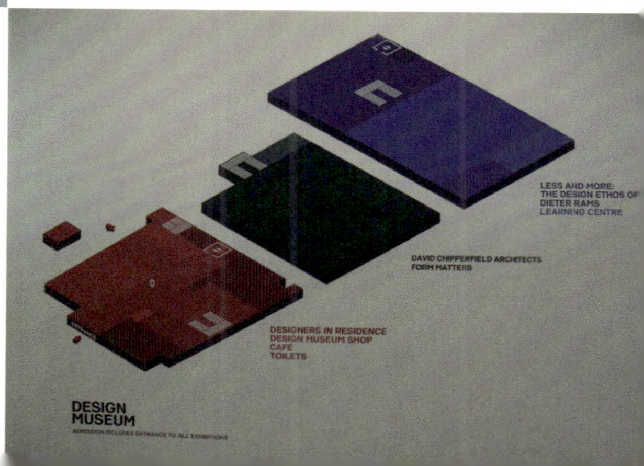

设计博物馆有三层楼的主题展区。

一楼有三个区域：售票区、咖啡区及博物馆商店。

博物馆的展场主要位于二楼和三楼。二楼通常用来举办特展，三楼固定展出馆藏作品。

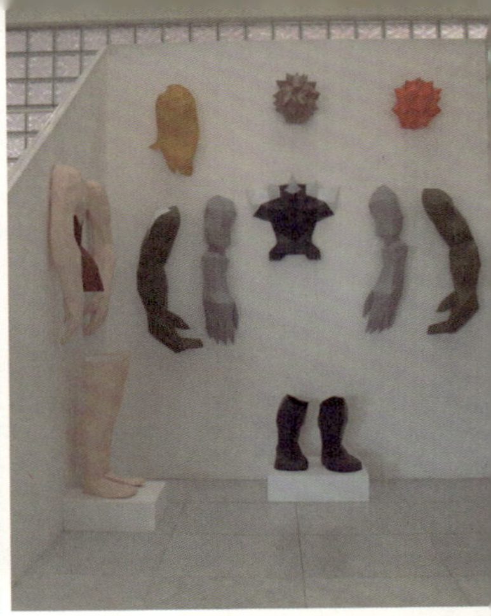

一层博物馆商店和能欣赏泰晤士河风光的咖啡区及售票区

2010的最新工业设计产品“无叶风扇”。设计新锐、欧洲时尚、家电“黑马”一年后就已成为中国老百姓的普通家电用品，进入千家万户

商店是英国博物馆的一个重要收入来源，设计博物馆的商店除了销售与设计有关的书籍，还出售很多著名设计师富有个性的作品。这些展现最新设计理念的小商品构成了设计博物馆的另一个展区。

形神兼备的门挡

这也是一款门挡，像是一块掉在地上的奶酪

适合外国人使用的筷子：随着中餐、日餐在欧洲的快速普及，吃饭的技术问题也日渐摆在欧洲人面前，近年来欧洲设计师根据这一主题设计了不少实用的产品，市场转化率非常高

一个工业设计大赛上的获奖作品：硅胶材质的煮蛋定型器，适于用煮、烤等各种烹调方式，鸡蛋在其中可以保持蛋形完好。这个小设计绝对是有大用处的——对于烹调水平普遍偏低的外国人来说，做出一个形状完整的水煮蛋并不是件容易的事

从专业功能的高端定位着眼，伦敦设计博物馆以收藏和展示现当代设计中最有影响力的作品为己任。博物馆常年与国际顶级设计机构保持密切联系，以敏锐的观察力洞悉设计界的最新动向和前沿成果，并将其收集展示，因而其展品的专业性、权威性是毋庸置疑的。

与伦敦上百家动辄百年历史的博物馆相比，设计博物馆只能算是个“小字辈”。但就是这个博物馆家族的年轻成员，建馆以来由于准确的经营定位和成

功的形象宣传策略，业内影响与日俱增，已经成为名副其实的创意前沿的展示窗口，同时也是设计界、教育界交流互动的平台。

博物馆三楼固定展出馆藏作品，这些收藏均为现代工业产品设计中的经典之作，展品按照时间顺序依次排列，常年展出。博物馆的收藏展示主题决定了它的特点，其价值的体现主要不在于理念，而在于实践。小众化是文化产品破解同质化迷局的捷径，伦敦设计博物馆通过精准的定位来细分受众，这种“小而专”的形象包装手段，不仅使其拥有了个性化形象，同时也营造了独特的形象传播力和形象竞争力。

这是设计博物馆的常年展“人体工程学设计展”

中学生有组织地到设计博物馆参观

伦敦设计博物馆的经营理念服从于三大功能定位，即专业功能、教育功能和社会功能。

英国社会素来就有重视教育的传统，学校对博物馆等公共教育辅助机构的评价会在很大程度上左右社会资金的流向。在复杂的评价体系中，参观人数始终是衡量一家博物馆价值的重要指标，观众多即在一定程度上肯定了博物馆存在的意义。为了吸引更多的参观者，英国每家博物馆都会想方设法提高专业素质和服务水准，尽可能为前来参观的人提供方便，树立在公众中的良好形象。无论是从博得好评的角度还是出于让受众了解设计的目的，学生都是最佳目标人群——学生的行动具有集体性，也便于组织安排。

无与伦比的教学环境，从教室的露台上可以欣赏泰晤士河与塔桥的优美风光

策展专业研究生每周都在设计博物馆提供的固定教室上课

除了针对中小学生的辅助教育，设计博物馆也把目光放在了更高一级的专业院校身上，通过与著名大学的策展专业共同开发研究生教育的高端课程、为学校提供固定教学场地，成为名副其实的“第二课堂”，这一策略使得设计博物馆扬名策展教育界。

这是设计博物馆正在举办的一个临时展。
本次临时展览试图传达项目、出发点和各种建设工作之间的动态关系，这种动态关系反过来会成为建筑实践的知识背景。这次展览没有提出一些老生常谈的问题，而是集中展示一批特定的项目。展览选择这些特定的项目旨在让观众看到其主题、形式和实际成果

平面招贴是最直接、最常用的宣传手段，伦敦设计博物馆深谙此道，不仅针对不同的目标人群印发宣传品，而且还开创性地把平面宣传手段与展馆环境设计相结合，利用整面墙壁以逆向宣传模式树立自己的形象。伦敦设计博物馆是一家私人性质的博物馆，政府每年仅拨发10%的运营经费。虽然有一定的门票收入和商业服务收入，但博物馆必须依靠各种捐款才能维持运行。设计博物馆为了向支持者表达由衷感谢，在馆内显著位置专门开辟了一面巨大的“感恩墙”，在博物馆大门入口处右边的整面墙上写满了支持博物馆的机构、组织和个人的名字，以此着力向每位参观者传达这样一个重要信息：设计博物馆以其优异的表现深受各界支持与关注，并对所有支持者深表感激。从另外一个角度来看，这也是一种非常高明的自我宣传手段：表面上传达了博物馆对社会各界鼎力支持的感恩之情，深层次则是博物馆对自我成绩的肯定与褒奖。感恩墙的内容每年都有一些调整，因此每年都会有全新的版面设计。

THE DESIGN MUSEUM GRATEFULLY ACKNOWLEDGES THE SUPPORT OF:
PUBLIC FUNDERS
Department of Culture, Media and Sport
Arts Council of England
Visiting Arts
British Council
Mondriaan Foundation
Italian Cultural Institute
Heritage Lottery Fund
Royal Danish Embassy
Pro Helvetia, The Arts Council of Switzerland
Royal Netherlands Embassy
Pool of London Partnership
Australian High Commission
Czech Centre
Canadian High Commission
INDIVIDUAL SUPPORTERS
Jeremy Marshall — Founder Benefactor
Nicholas and Katusha Bull
Isabella Blow
Ian and Morny Hay Davison
Rumi Verjee
Massimo Marcucci
Sebastian Conran
Naomi Cleaver
David and Janice Blackburn
Mike Davies
Michael Meyer
Marc Newson
Richard and Ruth Rogers
Jonathan Reed
Philip Treacy and Stefan Bartlett
Manolo Blahnik
Andy McCluskey
The Friends of E.1027
Marco Goldschmied
Rod Sheard
Norman and Elena Foster
Brian Boylan
Maureen Paley
Julia Moir-Jones
Ivan Harbour
Marcus Lee
Avtar Lotay
Andrew Bentley and Fiona Garland
TRUSTS AND FOUNDATIONS
The Conran Foundation
The Worshipful Company of Tallow Chandlers
Esmée Fairbairn Foundation
The Garfield Weston Found
The Paul Hamlyn Foundation
John Lyon's Charity
Man Group plc Charitable Trust
Wellcome Trust
The Foyle Foundation
The Wolfson Foundation
The Richard Rogers Charitable Trust
29th May 1961 Charitable Trust
Clore Duffield Foundation
R & S Cohen Foundation
The Eranda Foundation
The Fitton Trust
Arnold Foundation
Brit Insurance Charitable Trust
Jack Petchey Foundation
CORPORATE SPONSORS
Coutts & Co
Deutsche Bank
PUMA Creative
Intel
Brit Insurance
Allies and Morrison
Foster + Partners
Bonar Floors
Canary Wharf Group plc
ABN AMRO
HOK International Limited
Vitra UK
Omniyat Properties
Arup
Adams Kara Taylor
Zumtobel Lighting
Beefeater 24
Veuve Clicquot
Jigsaw
CORPORATE BENEFACTORS
Vitra
Girard-Perregaux
Transport for London
Echo Design
Nokia UK Ltd
L'Oreal
Fiat Group Automobiles UK Ltd
Harrods
Hermès
Ian Schrager Company
Paul Smith
CORPORATE MEMBERS
Seymour Powell
Renault
Wolff Olins
Nokia UK Ltd
Marks & Clerk LLP
South Bank University
P & G Prestige Products
Maharam
Graphic Thought Facility
Studio Myerscough
Conran and Partners
Ernst & Young
Framestore
Lloyd Northover
Kvadrat
BAM Construct
QVC
Nexus Productions
Grimshaw Architects
Phaidon Press
Domus
Therefore Ltd
Ravensbourne College of Design and Communication
Dornbracht
PricewaterhouseCoopers
Bartle Bogle Hegarty
Rodney Kinsman Associates Ltd
Dovetail
Coutts & Co
Speechly Bircham LLP
MCBD
Wines from Rioja
Almax Mannequins and Display Items
Alessi
设计博物馆的"感恩墙"

THE
COUNTY HALL
MAIN ENTRANCE
OZU
THE
MOVIEUM
OF LONDON
LONDON
AQUARIUM
MARRIOTT
HOTEL
The County Hall
RESTAURANT
MANGA
STUDIO
PETE
WATERMAN'S
STUDIO
CHASE
COUNTY HALL ANIMATION
STUDIO ENTERPRISE
THE
MOVIEUM
OF LONDON

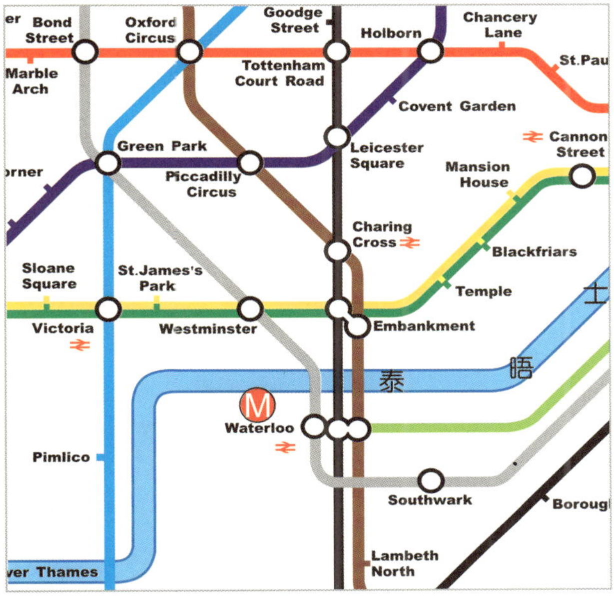

London Film Museum

伦敦电影博物馆

从虚幻到现实 从荧幕到面前

地址

Queens Walk, South Bank, London, SE1 7PB

时间

周一、周二、周三及周五、周六 10:00—23:45，周四、周日 11:00—23:45

门票

成人：13.5英镑

团队参观有优惠

交通

乘坐地铁至 Waterloc

乘坐火车至 Charing Cross

市政厅大楼毗邻“伦敦眼”与泰晤士河

伦敦电影博物馆位于泰晤士河南岸，毗邻伦敦水族馆，与著名的“伦敦眼”咫尺之遥。伦敦电影博物馆占据了市政厅（County Hall）这座宏伟建筑的整个二层。市政厅大楼位于伦敦市中心，由英王乔治五世和王后玛丽于 1922 年修建。 现在这个标志性建筑是最高级的私人和企业举办重要会议、宴会、招待会和各种展览活动的场所。

电影博物馆的宣传招贴依次排在泰晤士河边伦敦眼与市政厅之间的人行步道上

市政厅前的街头艺人进行表演

伦敦电影博物馆成立于2008年2月，博物馆的创始源于星球大战电影展的成功举办。50%的博物馆馆藏是当时的主办者之一乔纳森·金沙（Jonathan Sands）的私人收藏。

作为一个商业广告摄影师，乔纳森17岁就开始其职业生涯，开办了自己的工作室，他对那些神秘奇妙的电影道具非常感兴趣。从1998年开始，乔纳森与尼克·哈里森（Nick Harrison）合作了一些特殊的项目，其中包括《星球大战前传1:幽灵的威胁》。可惜的是，尼克·哈里森在37岁就去世了。

伦敦电影博物馆成立时叫Movieum，至今市政厅的门牌上还沿用这个名字。电影博物馆位于市政厅大楼的二层

市政厅临着泰晤士河步行道的一个门，这里也是电影博物馆的另一个入口

电影博物馆通向市政厅主入口的区域，建筑风格宏大雄伟

墙面花岗岩雕刻文字与拱形的通道天花给人以庄严的感觉

到电影博物馆参观的人沿着这个通道进入主展区

宽敞的圆形穹顶大展厅

《星球大战》电影展览 2007 年 5 月 4 日开幕，取得了巨大成功，英国《每日电讯报》的电话调查显示它位列最受英国家庭欢迎的展览活动之首。当《星球大战》电影宣传活动结束后，2008 年 1 月，乔纳森将所有展出设施搬进了市政厅旗下的伦敦 Movieum，并在 2008 年 2 月成功签署了一份为期 25 年的租赁合同，租借市政厅二层 35 000 平方米场地开办电影博物馆。

Movieum 于 2010 年 1 月正式更名为伦敦电影博物馆，开辟“卓别林-大伦敦”主题展览，这个展览成为电影博物馆的固定展。

创立电影博物馆的目的是宣传支持电影业。这种支持是自我支持：投资、回报、再投资、再回报，同时也将博物馆纳为学校课程的一个重要组成部分，作为青少年的校外课堂。

伦敦以电影院和剧院品质高、数量多而著称，在伦敦取景拍摄的英国电影数量巨大。同样，伦敦也为美国电影人所青睐，经常作为好莱坞制片厂的外景地。电影在英国普通民众的日常生活中发挥着积极的作用。

伦敦电影博物馆是英国唯一一个关于英国电影发展历史和电影制作的博物馆，4 000 多个电影场景和服装道具等物品原件在这里展出。开阔的圆形穹顶大展厅是整个博物馆人气最旺的地方，展出了博物馆收藏的众多著名电影场景。

《终结者》的特效模型，连细节都做得如此逼真

《星球大战》的拍摄场景

比实物放大了好多倍的道具

《超人》场景

这个滚动播出的短片简单介绍了电影的制作过程

人机互动的展示方式特别吸引孩子们

这是中世纪电影题材中常见的场景、盔甲与服饰，每个参观者都可以钻进去过把瘾

20 世纪著名喜剧演员、现代喜剧电影的奠基者查理·卓别林（Charlie Chaplin）虽然是在美国好莱坞成名的，但却是个地地道道的英国人。伦敦电影博物馆的开馆大展策划了一台卓别林纪念展，并将它保留下来，作为固定展出内容。

卓别林纪念展展厅大门外竖立的大型海报

卓别林纪念展入口处等大的卓别林蜡像惟妙惟肖，以他经典的微笑注视着每一个前来参观的人

卓别林纪念展图片信息量很大，很多照片是我们从未见过的

①生动的巨幅漫画展示墙

②卓别林在好莱坞的发展是他艺术人生的重要经历，策展人员为此专门设计了一个类似舞台的展台强化这段历史

③卓别林的电影剧照和演出时穿着的服装配饰

④展示墙的高度适中、方便阅读，体现了人性化设计理念

⑤⑥连通两个展厅之间的门洞采用了典型的中国元素，这个细节也从一个侧面反映了卓别林的人生经历中一段与中国有关的记忆，并且这段往事还是很值得纪念的一段历史

整个展览以明亮温暖的橙黄色调为主，展板设计简洁大方，似乎是在传达一代喜剧大师带给这个世界的温情，这些难得而短暂的欢乐曾经在那样一个本没有多少欢笑的年代温暖了千万民众的心

展厅中部有一个特别搭建的半开放式小型放映厅，参观者可以坐在里面的沙发上，轻松观看全天滚动播放的卓别林电影经典老片。生动诙谐的表演吸引了不少参观者驻足欣赏，座位不够，即使倚在半高的围墙上看得也很开心

卓别林是从伦敦贫民窟走出来、最终赢得世界声誉的戏剧表演大师。他塑造的生活在社会底层的小流浪汉成为至今无人超越的经典屏幕形象。

卓别林 1889 年出生于英国伦敦南部地区的一个演艺家庭，父母都是艺人，在他很小的时候父母就分居了。为了谋生，年幼的卓别林开始在游艺场和巡回剧团卖艺、打杂。年轻的卓别林很早就确定了他的人生目标。17 岁时，卓别林进入了当时非常有名的卡尔诺剧团，遇到了使他终生受益的良师卡尔诺，正是卡尔诺把亘别林带进了喜剧的最高境界。

卓别林塑造的最经典的角色是一个外貌是流浪汉、内心则一副绅士气度，穿着一件窄小的礼服、特大的裤子和鞋，戴着一顶圆顶硬礼帽，手持一根竹拐杖，留着一撇小胡子的形象。

这块展板介绍了以卓别林主演的电影为蓝本的大量漫画书籍、画报、装饰雕像和玩偶等

卓别林纪念展的走廊展区
走廊展厅里不仅有展板，还有大量的影像资料。博物馆为参观者着想，在走廊展厅放置了许多宽阔柔软的皮质沙发，以便观众随时休息，或坐在沙发上静静欣赏影像资料

展板在材料的使用上考虑得非常周到，麻布表面的粗糙纹理能有效吸收光线，不会产生反光区影响阅读。布面印刷的图文相当清晰，丝毫不亚于纸面印刷，却具有纸面印刷无可比拟的优点：材料独特、艺术感强、效果儒雅，无高光反光现象

当卓别林 1921 年出访欧洲时，他惊奇地发现自己已经成了世界名人，所到之处人们将他团团围住，他也终于放弃了流浪汉的性格。

从定居瑞士起，卓别林就着手撰写回忆录。他以惊人的记忆回忆了自己艰苦奋斗的一生，终于在 20 世纪 50 年代末完成了 40 万字的《我的自传》。

这里是电影博物馆的一个特殊展区，针对儿童参观者的画廊。儿童是英国社会备受宠爱的一个群体，几乎所有的博物馆都有针对儿童的展示设计

①福尔摩斯道具收藏展示房间的门牌设计与众不同，一个“贝克街”就足以显示其独特性

②博物馆为福尔摩斯系列电影的道具专门辟出一个宽敞的展览场地，可见福尔摩斯在英国人心目中的重要地位

③类似于围墙的隔离栏被设计成一个精致的展台，策展人员采用黑底白轴线式的信息排列方式对福尔摩斯这位家喻户晓的大侦探的职业履历进行了认真地梳理，使之清楚地呈现在观众面前

④模仿电影拍摄场景的复原陈列

福尔摩斯展厅提供了一种非常休闲的参观方式，可以一边看电视，一边欣赏与之呼应的实物道具

玻璃展柜里陈列的是电影中使用的道具

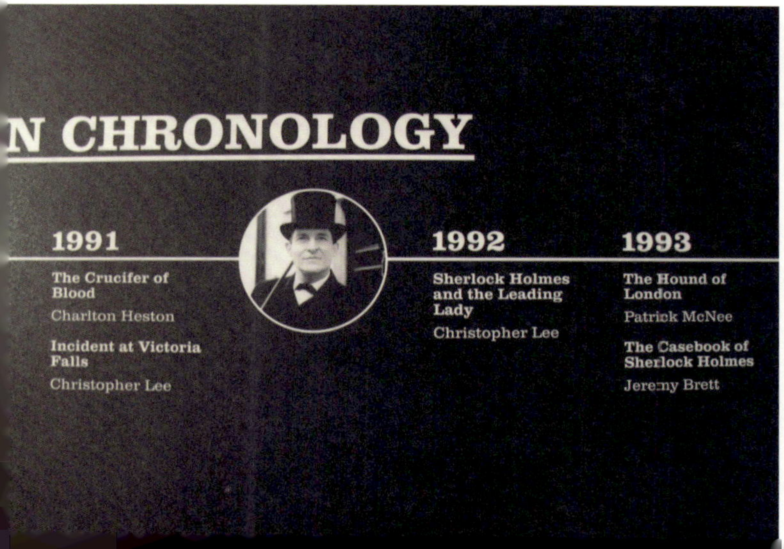

僵尸题材的电影制作展示区域

僵尸题材的电影中惯常使用的道具

化妆间展区

伦敦电影博物馆内展示了电影的整个制作过程：一部电影从构思创作到完成剧本，从设计制作道具、化妆、服装、动画、特技、剪辑、音效到发行等各个方面，单是电影特效的秘密便足以令参观者好奇万分。

即使在电脑动画风行的当代，服装部的重要性也没有丝毫的减弱。给角色配备合适的服装，能使电影取得更好的效果，服装能向观众传达包含社会、环境、主题在内的重要信息。服装部不仅负责演员的服装，还包括鞋、珠宝、假发、帽子等辅助配饰。有些服饰可以直接购买，但更多时候，服装部要根据剧情需要制作特殊的电影服装。历史题材电影中的武士服装大都是特别定制的盔甲。

服装往往是识别度极高的特定标志，如李小龙的黄色运动服、极好辨识的印第安娜·琼斯的帽子和鞭子等。

古装剧服装

“二战”剧服装

足以乱真的“大金砖”

电影博物馆的通道展厅是博物馆重要的展示空间

走廊和通道两侧墙面都被充分利用起来，成为重要的信息展示平台，这也是英国乃至整个欧洲的博物馆、画廊、收藏中心以及艺术品展示机构的一贯做法。大家早已习惯这种展出方式，从没有人觉得在这种非封闭空间摆放展品、画作有什么不妥。究其原因，也许跟欧洲人几百年摆放、展示艺术品的习惯有关系，欧洲人习惯于将家族珍藏的画作、艺术品等藏品摆放、悬挂于走廊、大厅以及通道等开放空间，而不是全部放在隐秘空间或展厅里。

人人皆知的玛丽莲 · 梦露经典造型

这个走廊展厅正在进行的是一个临时展：一家电影集团 90 年庆典的纪念展览

这个展台介绍了一个特殊的组织：英国电影电视退休人员协会，这个协会的会员申请条件只有一个，就是在电影行业（包括电影院）工作超过 30 年，可以说是一辈子从事与电影有关工作的电影人。电影博物馆希望人们永远记住他们，这些为英国电影事业工作一生的普通人

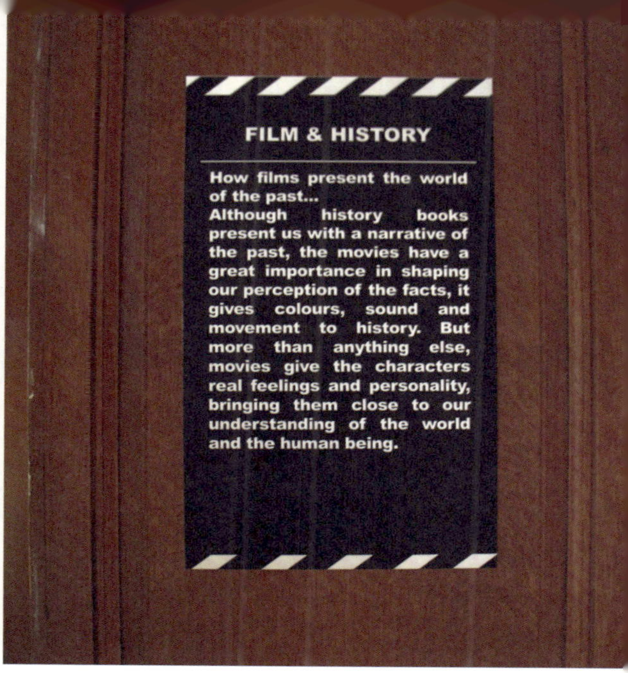

电影博物馆的展板风格高度统一，与博物馆的主题极为贴切

电影博物馆的室内导示设计充分体现出“电影”这个主题

电影博物馆的卫生间指示牌个性独特，运用了“爆米花”这个与电影院有密切关系的元素

这里是介绍美术在电影制作中功能的展示区，同时也是电影美术工作人员设在电影博物馆内的一个小型工作室

像所有博物馆一样，伦敦电影博物馆也承担着其社会职责中不可或缺的一部分，那就是促进英国电影事业的发展和电影教育。

电影博物馆不仅仅是一家以收藏和展示为目的的传统意义上的博物馆，同时还是一家电影制作机构和大型活动的策划组织机构。因此，平时就会有很多工作人员在这里办公，而这恰恰增加了参观者参观过程中体验到的生动感与真实感。

美术是电影制作中重要的组成部分，它包括服装、道具、化妆、设计、动画、特效和计算机生成图像。角色的塑造与审美氛围的营造都离不开电影美术。如今高科技手段的应用使电影美术方面的投资和效果定位达到了前所未有的高度。

美术部的大门两侧摆放着两个超大的喷漆罐，非常醒目，极具识别性

MUSEUM
MAIN
ENTRANCE.

Geffrye Museum
杰弗瑞博物馆

英国400年室内设计的活档案

地址

136 Kingsland Road, Shore ditch, London, E2 8EA

时间

周二至周六 10：00—17：00，周日和银行假期的周一 12：00—17：00

非银行假期的周一、圣诞节期间（12月24—26日）、复活节前的星期五闭馆

门票

免费

交通

乘坐地铁至 Hoxton Station，直接到达博物馆的后门

乘坐火车至 Liverpool Street，然后换乘公交车243或步行15分钟

乘坐 DLR至 Liverpool Street，然后换乘公交车149或242

杰弗瑞博物馆入口

杰弗瑞博物馆坐落在 18 世纪修建的优雅的救济院旁，博物馆前面有一个大花园，恰逢初春季节，草皮正在进行翻新。它的后院还有一个带围墙的草药园和一个大花园，由于气候原因，花园只在每年的 4 月至 10 月开放。

坐落于东伦敦新兴文艺区的杰弗瑞博物馆距离市中心只有十几分钟的车程，它是伦敦最受欢迎的博物馆之一，向人们展现了英国 400 年来城市居住空间的真实面貌与演变历程。

虽然那些比杰弗瑞博物馆名气大得多的综合博物馆也有室内方面的收藏，如伦敦博物馆将罗马时期至今典型的室内及商业装潢重新塑造展示出来；维多利亚与阿尔伯特博物馆也存有消失的建筑室内空间展示，甚至还收藏了很多 16 世纪以来的经典家具，但是这些都无法跟杰弗瑞博物馆的室内家居收藏相比。杰弗瑞博物馆虽然规模不是很大，但是它的收藏定位非常精准，涵盖了从 17 世纪到 20 世纪不同历史时期、以伦敦为代表的英国中产阶级家庭的居室空间与陈设用品，包括家具、纺织品、绘画和装饰品等。这些藏品有英国 17 世纪的橡木家具和墙面镶板、格鲁吉亚时期的家具陈设、精致的维多利亚装饰风格的家具，以及 20 世纪那些将旧仓库改造为以居住为目的的新型生活空间里的家具、家居用品等。

博物馆简朴的主入口

博物馆前面的大花园正在进行草皮翻种，空气中弥漫着春天的味道

永久展厅入口处的实木拱门

杰弗瑞博物馆的展览方式非常独特，这里没有大多数博物馆的大型展厅，而是一个一个相对独立、半封闭的小型展区，就像我们从外观看到的狭长的博物馆二层建筑一样。它的内部非常像20世纪70年代至80年代中国的筒子楼。依据这种固有的建筑结构，博物馆将其合理分隔，布置成11个永久陈列展厅，用以展示11个主要历史时期伦敦中产阶级家庭的客厅以及内部装饰特点。

这些展厅以年代为主线顺次排列，目的是显示不同历史时期、不断变化的伦敦中产阶级审美品味在家居生活中的体现。在不同功能家居生活空间中，博物馆选择了最具代表性的起居室——曾经被称为接待室，后来被称为客厅——以及其中配备的家具、布艺用品（反映了纺织品和装饰风格的时代特点）、装饰用品和茶具等。虽然每一个时代的室内家具及其用品都不止一种形式，但博物馆还是提炼出相对统一的具有典型时代特征的家具家居用品，配合场景复原的展示手法，将它们形象地呈现给广大参观者。

博物馆另一个入口的玻璃门上显示着大大的LOGO

博物馆与花园衔接处的入口接待区充满现代感，简洁大气的装饰风格与主展区的传统风格形成了强烈的视觉对比

通往各个展区的通道

1630 年客厅展区前的这个小空间用展板、实物、图片、文字史料等多种手法详细介绍了接下来这个展厅的家居特点。墙面固定着可以随意触摸的、那个年代的主要装饰材料、织物的仿制品实物样板、布样，展柜里陈列着具有时代代表性的生活用品，例如瓷制餐具、复原的椅子等

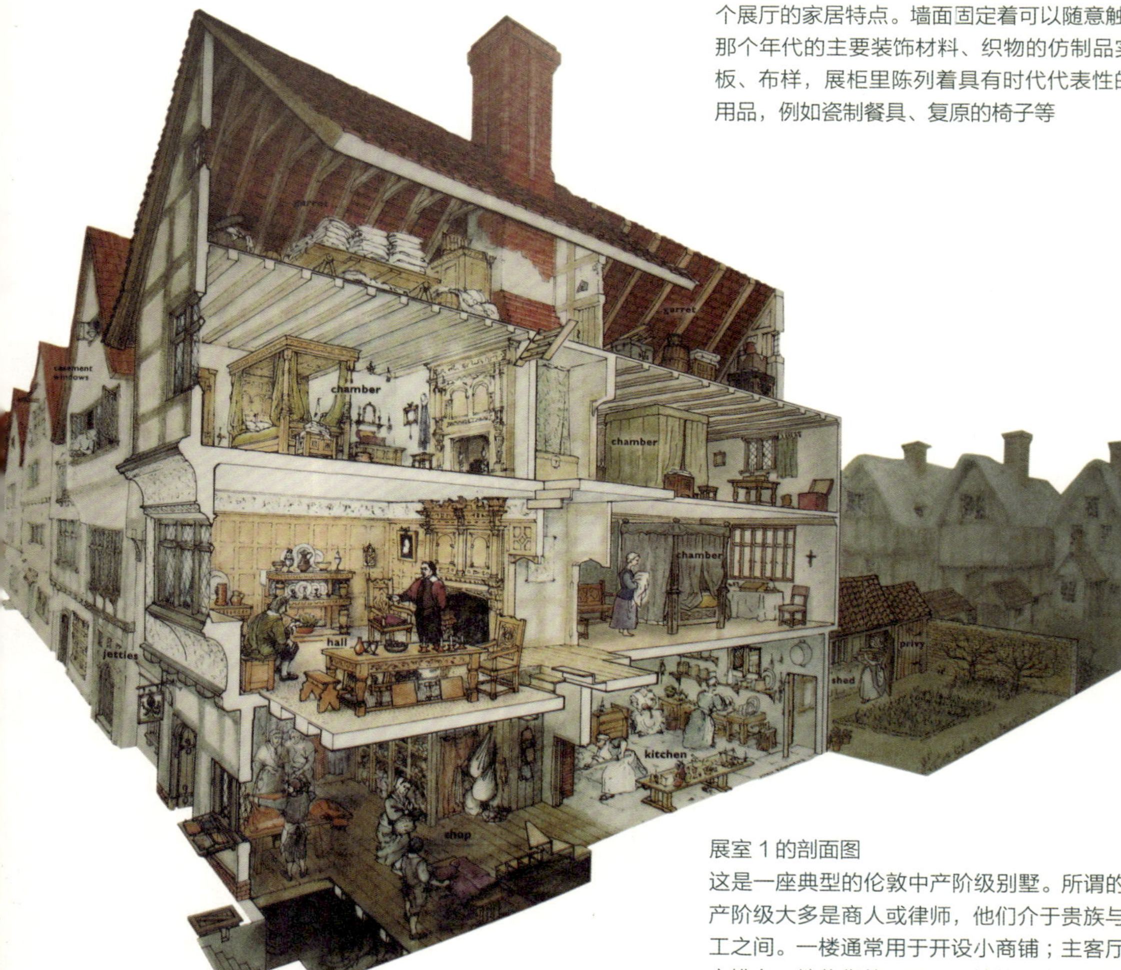

展室 1 的剖面图

这是一座典型的伦敦中产阶级别墅。所谓的中产阶级大多是商人或律师，他们介于贵族与劳工之间。一楼通常用于开设小商铺；主客厅被安排在二楼临街的一面；三楼的卧室放置椅子和床，兼具社交和休息的功能。

1575 年至 1770 年的餐具

17 世纪 30 年代的家用陶瓷制品

下面这个房间再现了一个伦敦商人家庭的客厅，房间墙面用橡木装潢。这里主要用于家庭成员的日常生活——吃饭、休闲、游戏、读书或者听听音乐，同时也是招待客人的重要场所。

客厅的橡木雕花桌子至少可以围坐 10 个人，橡木扶手椅通常留给户主或那些尊贵的客人，家庭成员多使用凳子或者露背长椅。这些椅子不使用时，可以收到存储间或者放到桌子下面。小橱柜里展示了许多精美的装饰品，其他房间也都配备了家庭能购买得起的最好的装饰品。

1630 年的客厅

这个空间介绍的是展区 2，也就是 1695 年左右的居室特点及当时所使用的家庭装饰材料

展室 2 的剖面图

这幅作品表现的是一座典型的伦敦中产阶级联排别墅的内部构造和基本布局。这个社会阶层的户主通常利用一层临街的房屋经营自己的小生意，餐厅被移至地下室，二层面向花园的卧室也被客厅占用，二层客厅的社交功能更加突出，三层、四层被分割成若干小房间，作为一家人的卧室

来自中国的青花瓷

这是一个在 1666 年伦敦大火后新建房子的客厅。室内装饰材料是当时非常流行的、被称为“石灰色”的松木。三个巨大的拉窗被设置在靠近路边的一楼，这种 17 世纪早期的建筑样式可以让更多的阳光照射进来。

这个时期的家庭空间——尤其是客厅，非常适合生意洽谈和家庭联谊。能以一个恰当的方式招待客人对一个中产阶级家庭是非常重要的，参观者可以感受到桌子上的茶具十分显眼，毕竟当时进口瓷器是一种奢侈的生活品，因此茶具和一些热饮在这种房间充当了重要角色。对于大多数中产阶级来说，能够使用从遥远的中国进口的瓷器是一件值得炫耀的事情。

房间中可折叠的桌子和独板写字台、椅子都是由胡桃木制作的。带靠背的藤制座椅是使用当时从远东传过来的一种新式家具材料制作的。这种家具因其款式新颖时尚，价格也较为实惠，很快在中产阶级家庭中流行起来。

1695 年的客厅

1745 年的客厅

桌上的茶具非常突出

贯穿整个 18 世纪伦敦中产阶级的标准住宅变化很少，通常都有三个推拉窗以及彩绘的软木镶板和大理石壁炉墙围，这种客厅的建筑式样与装修风格与上一个时代的客厅非常类似。

客厅里新增加的进口家具主要来自印度和中国，由于价格昂贵，只有富人才买得起。为了在得到最大市场利益的同时满足国内普通民众的需求，英国本土商家开始尝试复制这种非常受消费者青睐、具有东方意蕴的家具。展区中这个漆过的转角桌就是一个例子，其光滑的表面模仿东方的大漆制品。这样的英国本土仿造品和真正的东方商品经常被一起摆放在时髦的房间里。

桌子上的陶瓷茶壶、茶碗和小盘子都是从中国进口的。17、18 世纪的英国，喝茶被看作一种文雅且良好的举止，现在依然如此。

这个门通向一个被叫作“花园书房”的梦幻空间

这是一处童话般的花园书房

从房后花园看这间书房，完全是在主体建筑之外增加的一个纯木质结构，通体的黑色油漆不仅没有使它显得突兀，反而平添一分与众不同的韵味

复原的织物（地毯）样板

与前一个时期的房间相比，接下来的这个客厅看起来更加明亮。虽然基本的建筑外形与之前的房间相同，但室内空间的墙壁处理是完全不同的，墙裙上的雕刻木板被图案精美的壁纸所取代，它们更平滑、更整洁，干净明亮的效果显而易见。

展区的地毯是按照 1780 年的流行图案复制的。这种织机编织的地毯在当时的英国已经批量生产，比来自土耳其和中东的手工打结地毯更实惠，因此被中产阶级家庭普遍使用。这个时期的客厅装饰风格简洁大方，体现了优雅的审美品位。同时烛台、镜子以及壁炉格栅的设计也体现了居室主人较高的艺术修养。

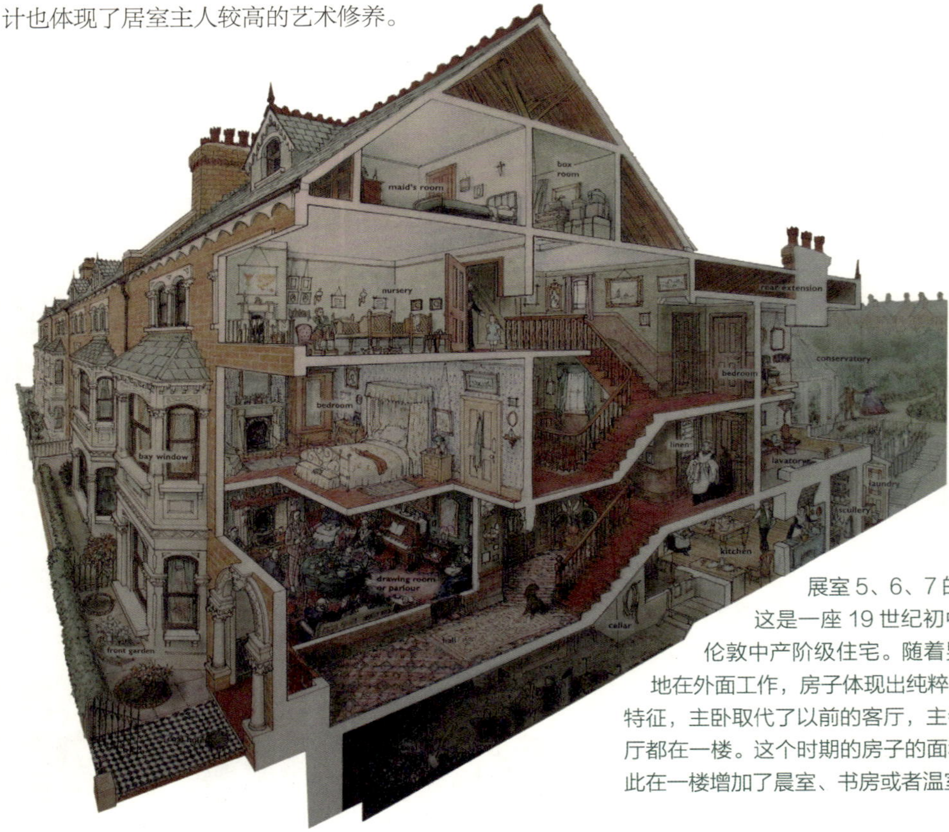

展室 5、6、7 的剖面图

这是一座 19 世纪初中期典型的伦敦中产阶级住宅。随着男人们更多地在外面工作，房子体现出纯粹家庭生活的特征，主卧取代了以前的客厅，主会客厅和餐厅都在一楼。这个时期的房子的面积更大，因此在一楼增加了晨室、书房或者温室

这是一对 18 世纪中期的烛台，英国工匠掌握了了瓷器的核心制作工艺之后，像这样华丽精致的产品就被制作出来了

壁炉前独特的炉格栅设计

这是一个 1700 年至 1710 年的黄铜烛台，与传统烛台相比，这种烛台更加持久耐用，造型随着时尚趋势发生变化，这种烛台在整个 19 世纪被英国中产阶级广泛使用

1790 年的客厅

这里展示的是 1830 年前后伦敦城市家庭的会客厅。室内布局反映出进入 18 世纪，城市居民的生活方式有了一些明显的改变。这个客厅的设计更加符合家庭成员读书、写信、画画、弹奏乐器以及接待朋友等日常活动的使用需求。

异国情调的家居主材、黄铜椅子、镶嵌和染色工艺、利用绘画手段模仿昂贵木材效果的家具，这些都是摄政时期（1795—1837）的家居特点。摄政时期的伦敦城市客厅对家具的安排比 18 世纪更加自由多样，体现了对家庭生活非正式化的接纳与适应。房间的灯光柔和，带垫子的沙发更加舒适，轻便的桌子、椅子方便移动，较低的书架和橱柜家具方便实用，这些都反映出那个时期室内设计追求个性化、舒适化的趋势。

1830 年的客厅

这是一个19世纪70年代的客厅，这里通常是女主人接待客人，或者招见仆人，检查家庭开支、安排家务的地方。这个客厅仍然可以看到维多利亚风格的遗存，豪华中不失清新与优雅。

天然气的普及彻底改变了居室的照明状况。同时，印染技术也有了质的飞跃，用新的化学染料设计生产出风格更加大胆的室内布艺产品成为现实，这也是当时地毯和家具的主要特征。房间里的许多物品都反映了19世纪60年代至70年代英国日渐流行的“法国风”，如生机盎然、色彩鲜艳的窗帘和雕刻椅子等。

1870年的客厅

色彩鲜艳的椅子

1890 年的客厅

这个客厅体现了 19 世纪末开始在英国中产阶级的家居设计中兴起的、力图突破传统维多利亚装饰风格所进行的大胆尝试。

这个时期的家具明显受到日本和远东地区的影响，房间风格最明显的特征就是试图通过调和手法将不同风格的物件统一在一个空间内，如精心安排的墙纸、创新的家具式样和东方情趣的陶瓷摆件等。

同时，这个时期的室内风格受到著名的美学运动的影响，这场标榜“现代主义”的美学运动是由艺术家惠斯勒和一些设计师发起的。他们反对单纯追求强化维多利亚式的审美风格，鼓励追求更加多样的现代性的装饰特点。这种审美思想首先被一部分中产阶级艺术家接受，到了 19 世纪 80 年代，这种审美风格变得更加广泛和流行，特别是在城市住宅中得到了更为广泛的应用。

东方情趣的陶瓷摆件与日用瓷器
被收藏在专门的储物柜中

1910 年的客厅

博物馆教育部门的专业人员扮作 20 世纪初期的女仆，在模拟场景中向孩子们介绍历史知识，讲述发生在那个时代的事情，这是博物馆实施教育功能的一种形式

这个房间展示的是伦敦北部地区一个半独立式别墅的客厅，这种城郊位置的房子有一些与城市中心区住宅不同的装饰特点，比如更加生活化的客厅、橡木壁炉，简单的家具和较低的天花板。

充足的照明也是这个时期住宅的一大特色。透过法式窗户能够直接看到小花园，这使得房内光线很亮。平滑精巧的橡木家具虽是传统英式风格，但被随意摆放起来，很有谢拉顿家具的风格（谢拉顿，Sheraton，是英国著名的家具制造设计师）。

新艺术风格是一种流行于 19 世纪末的欧美装饰艺术风格，这个客厅就体现了这个特色。比如，房屋中心的照明装置、不同材料的纺织面料（包括大花帘布、印花棉布和挂毯）被普遍用于家具和装饰布置，虽然材质繁杂多样，但是通过使用相似统一的原则进行了有效的调和和互补。

1935 年的起居室

这个展区呈现的是一间拥有特别功能的公寓式住房的起居室。这种公寓为市民提供除郊区房子之外的另一处更为方便的市区住房选择，尤其是那些单身男女或没有孩子的夫妻。尽管大多数公寓都比较小，但是它们配备 24 小时热水、集中供暖以及完善的家用电器等基本设施，宽大且视野开阔的玻璃窗十分普遍，确保公寓内能够射入最大量的阳光。

这间起居室——或者称为“客厅”，采用现代的装饰风格设计。室内采用灰白色调和柔和的绿色喷漆，搭配橘色和淡棕色的丝织物进行局部装饰。纵观历史，几乎没有任何一个时期的室内装饰能像 20 世纪初那样简单流畅。

伦敦 20 世纪 60 年代住宅剖面图

这是一栋 20 世纪 60 年代极具代表性的房屋。1947 年伦敦实行了“绿色腰带”政策，不允许在伦敦市郊占用新的土地建房，房屋只能建在战争破坏后的原址上。这些新建的房屋大部分都是普通砖墙，砌成方方正正的形状，三层并且拥有室内车库。大落地窗和小角度或是没有角度的平房顶是该时期房子的特点。扇形边缘的瓦片和防风雨板使用得较为普遍。在房间内部，墙体支撑了钢结构梁和房屋内部跨度的重量

1965 年的起居室

虽然这个时期大部分的房子面积很小，但一个突出的优点是开放式空间增加了房屋的采光和空间感，有些房子还加入了开放式楼梯的设计。客厅也不像以前那么正式了，新的设计理念往往把客厅和餐厅甚至厨房打通。三个卧室的格局在当时非常流行，这可以让家中的男孩女孩有自己的独立房间。

客厅和厨房的装修在当时变得简单，白色墙体、木制家具和吊顶成为室内设计的三大元素。油漆的木地板通常加一两个小地毯进行装饰。华丽家具的使用越来越少，木制相框装裱画和仿制艺术品被越来越多地使用。

中央供暖系统逐渐走进普通家庭，电灯照明系统已经成为城市住宅的基本配备，所有的新房子都有室内卫生间和浴室，热水器为房子 24 小时不间断地供应热水。

客厅已经不是一个用来显示财富的地方，人们开始根据汽车和度假方式来评判一个人是否富有。从功能上来看，客厅从一个社交和孩子们玩耍的空间逐渐演变成吃饭和看电视的地方。20 世纪 50 年代，中产阶级家庭已经基本没有雇佣常住佣人的现象。越来越多的妇女担负起一边工作一边做家务的任务。

住宅周围绿化带的设计在整个 20 世纪一直非常流行。从 50 年代开始，人们花费在维护花园植被的时间越来越少，石子路和盆栽的设计元素日益流行。

20 世纪 60 年代的起居室呈开放式，大窗户和超高餐饮区的设计都增加了空间感。这个时期房间的一大特点就是电视取代了壁炉的位置，因为 20 世纪 70 年代的英国城市住宅基本上都配备了中央供暖系统，不再需要壁炉取暖了。

社会氛围日益宽松使得客厅承担着更加灵活多样的生活功能，家庭成员可以在客厅看电视、写作业、吃饭、看书或者会客、娱乐。房间里的家具也越来越明显地体现出与时代相符的“现代”风格，这是一种受斯堪的纳维亚特别是丹麦室内设计影响的风格。家具朴实无华，仅简单刷漆，椅子配有带织物纹理的软垫。初期现代风格的室内设计特点之一就是墙面通常保持白色，而房间内所有图案和色彩主要体现在陈设品上。

1998 年的阁楼式公寓的客厅

这个展区呈现的是一个 1998 年的阁楼式公寓的客厅。

早在 20 世纪 70 年代，随着伦敦东部船坞区老仓库的大规模改造重建，人们开始尝试把历史上以商储功能为主的建筑物逐步改造成适合日渐增多的城市居民生活居住的阁楼式住宅空间。

这种阁楼式的室内风格是 20 世纪建筑设计师精心设计的，现在已经成为伦敦普通住宅地产开发的主要形式之一。它集储物空间、厨房、客厅、餐厅于一体，不仅功能区划合理齐全，空间也很宽敞。厨房采用夹层设计，目的是为卧室保留更多空间，逆光设计的浴室、光滑的墙面能够更好地接收从窗户透入的光线。光滑的木质地板、白色墙壁以及稀疏的摆设和现代家居是这种风格的主要特征。色彩通常由家具的装饰物品体现，比如彩色玻璃的花瓶和大幅面印刷而成的绘画作品。如图中所示，有时也可以将墙壁刷上浓艳的色彩来加强整个室内的色彩效果。这种风格从小空间的阁楼式公寓式房间一直扩展到普通居民住宅的室内设计，复合木地板和板式家具的使用也成为这个时代的一种时尚。

不同时期的椅子

杰弗瑞博物馆的藏品包括过去400年间最能代表英国社会城市生活特点的中产阶级家庭室内设计的家具、家居、日用品和装饰品等，文字和图片资料大多来源于官方的文献档案。值得一提的是，博物馆收集的这些展区的居住原型均为英国社会的代表人物，包括律师、医生、教师、各种形式的媒体人物以及从零售业到银行业的商业人士。作为构成英国社会的主要阶层，他们在家居设计和材料用品的选择上，不论过去还是现在，都真实地反映了他们的价值观和愿望，这也是英国社会审美状态的一个重要体现。因此杰弗瑞博物馆展示的每个时代的室内样式都是具有时代特征的典型例子，而不是特例。

博物馆二层的开放式展示空间，周边被分割为一个个相对独立的展示区域，以针对不同的展示主题。环绕中间的旋转楼梯旁规则摆放着十几个漂亮的玻璃展柜，里面陈列的是博物馆的精品收藏

连通博物馆一层二层的是一个晶莹剔透的旋转楼梯，玻璃、不锈钢与实木扶手的强烈反差体现出典型的现代设计风格。超现代的楼梯整体形制与充满历史感建筑本体的绝妙组合刺激着参观者的视觉。

博物馆商店

博物馆餐饮区

伞状的钢结构穹顶将两个建筑物连为一体，它们之间形成的公共空间被充分利用起来，这里是博物馆的餐饮区。

博物馆商店也在这里，从外观上看就像一间车库。进入简易的大门，里面空间非常宽敞，光线柔和，充满温馨的气氛。高大整洁的货柜间隔摆放，销售的商品种类极为广泛，有各种各样有关家具家居、建筑、园艺的书籍、工具、模型、礼品，还有为博物馆专门设计定制的专属纪念品，与研究伦敦社会历史有关的高水准专业书籍也能在这里找到。

众所周知，教育是博物馆承担的重要社会职责，也是博物馆经营内容的核心组成部分。杰弗瑞博物馆专门组建了经验丰富的专业团队设计了一系列高质量的学习项目，这些项目适合各个年龄段和不同身体特点的人。

博物馆的教育部开发了包括艺术创作、手工坊、模拟实景讲故事和为儿童及其家人提供家庭服务在内的若干个正规的学习项目，同时也配合公共节日和假期开展一些专题活动，例如学习日、夜间课堂、小型论坛和成人工作室等。

杰弗瑞博物馆以实际行动支持国家规定的初级教育的教学内容，鼓励中小学教师充分利用博物馆的现有资源开展相应的教学活动并积极配合实施。杰弗瑞博物馆因为教育工作的突出表现被英国政府授予课外学习课程优质徽章。

有趣的课外学习课程

艺术创作活动室

部分手工作品

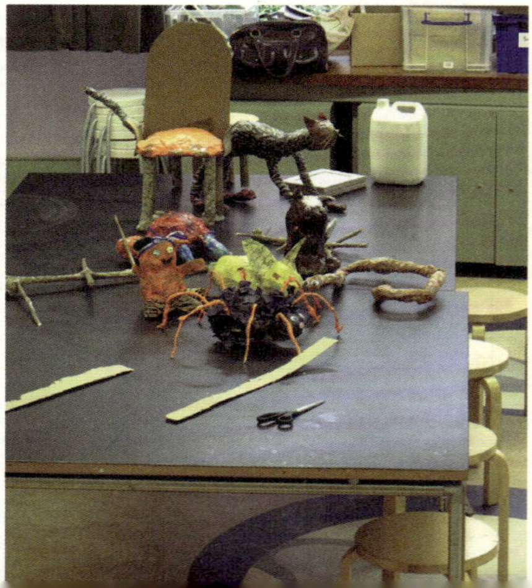

花园的花房里栽培着各种幼苗，花房围墙外的白色玻璃建筑就是 DLR, 这个车站紧挨着博物馆的后门

这里有四个不同时期英国的典型花园样式，它们按照时间顺序排列

花园是英式民居的一部分。杰弗瑞博物馆的另一个好去处就是后院的大花园和带围墙的草药园。花园 1999 年 4 月正式对公众开放，4 个相对独立的区域展示了从 17 世纪到 20 世纪英国中产阶级城市住宅的典型花园样式。复原这些花园所依据的资料来源渠道众多，包括老照片、图纸、绘画作品、地图、花园计划、种植列表、日记和文学作品等。

1992 年正式对外开放的草药园是杰弗瑞博物馆的一部分，它与花园一起组成了博物馆的户外展区

园内小水池清晰可见的池底沉积了许多参观者留下的硬币，看来全世界人民祈福的手法都是一样的

SEPTEM JUNCTA IN UNO

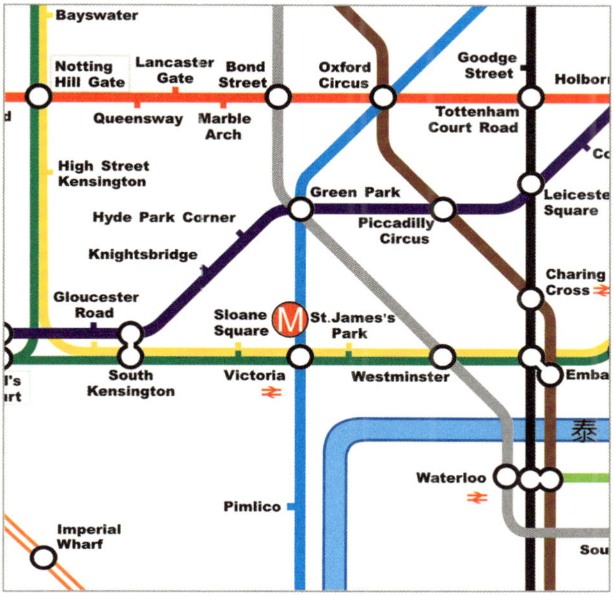

The Guards Museum

卫队博物馆

皇家卫队是这样炼成的

地址

Wellington Barracks, Birdcage Walk, London, SW1E 6HQ

时间

周一至周日 10:00—16:00，最晚入场时间为15:30

门票

成人：5英镑

65岁以上的老人、军人和学生：2.5英镑

现役军人：1英镑

16岁以下的儿童免费

交通

乘坐地铁至 St James's Park、Green Park、Waterloo、 Charing Cross 或 Victoria

乘坐火车至 Victoria、Charing Cross 或 Waterloo

白金汉宫、伊丽莎白女王纪念碑广场、圣詹姆斯公园、威灵顿军营与卫队博物馆的位置图

圣詹姆斯公园里的林荫小道和休闲的市民

卫队博物馆西北面是伊丽莎白女王纪念碑广场，广场左边就是著名的白金汉宫，右边是美丽的圣詹姆斯公园

白金汉宫对面的圣詹姆斯公园原本是圣詹姆斯宫的鹿园，17世纪查理二世聘请法国景观设计师重新造景，19世纪初在英国著名建筑师纳许的进一步美化下成为伦敦市中心最美丽的公园，也是市民与游客最喜欢的小憩之地，这里处处可见晒太阳、散步和野餐的人。

圣詹姆斯公园又有“鸭园”之称，公园中央的狭长水域聚集了各种颜色的鸭子。它们在水面上展翅快飞，留下道道水痕，还有天鹅、雉等多种珍稀鸟类。詹姆斯公园的绝妙美景之一就是从桥上隔着湖水眺望白金汉宫，白金汉宫的夜景最为迷人。

卫队博物馆正对着圣詹姆斯公园，这里是伦敦的核心地带，穿过圣詹姆斯公园就是白金汉宫。

皇家卫队每天的日常操练也成为游客和市民眼中的一道美丽风景

卫队的军乐队在操练

卫队博物馆收藏着英国近卫步兵 5 个兵种的相关信息和物品，这五个兵种是：手榴弹兵、科尔德斯特里姆兵卫队、苏格兰卫队、爱尔兰卫队和威尔士卫队。他们与皇家骑兵一起，共同组成了女王陛下的皇家卫队，他们为拥有宝贵的守卫皇室和皇家宫殿的资格而感到无上荣耀。

卫队正在进行操练，标志性的帽子极具表演性

威灵顿军营卫队士兵的每日操练总是吸引许多游客驻足观望

卫队博物馆的大门，两侧的门岗里是士兵形象的原大彩色图片，很好地烘托了卫队博物馆的主题

博物馆的入口。缓缓而下的台阶旁白色的围墙上装饰着竹编花篮、木板花盆，所有的材质都是天然材料，体现出英国人崇尚自然的审美观

顺着台阶来到一个平缓的露天咖啡区，左手边那个下沉式建筑就是卫队博物馆

卫队博物馆的大门左侧还有一个露天咖啡区，防腐木的地面、黑色喷漆桌椅、白色的墙面，营造出简洁静逸的氛围

卫队博物馆对属于女王近卫步兵的五个兵种的物品提供保护，并且力求在士兵可以欣赏这些物品的同时，让普通大众也能够有机会了解。

博物馆的展品绝大多数是自有的馆藏，还有一些是不定期从相关机构借来充实展览的。这些展品的首要作用是帮助年轻的卫队士兵了解卫队的发展历史与文化传承，同时也向公众展示卫队士兵在战斗、生活和礼仪活动中的杰出表现。

卫队博物馆的展厅布局与策展风格简洁、大气、实用，突出了规范收藏与展示的基本特性

伦敦卫队博物馆以传播军队文化和历史传统为己任，通过采取保护藏品和为民众宣传解释这些藏品的方式维护皇室卫队的至高荣誉，同时也证明了王室在历史上对国家发展的重要性以及他们与军队的紧密联系。

1942 年北非战争时使用的打字机，这是当年的优质产品

军官的雪茄烟盒

皇家卫队的历史可以追溯到查理一世时期，从那时起，专门为国家元首提供安全服务的皇家卫队就成立了。卫队博物馆热衷于鼓励以学校为单位的集体参观活动。在这里，孩子们可以了解皇家卫队360年的历史。

博物馆针对不同年龄段的孩子准备了不同的参观内容，目的是调动孩子们的参观热情。从旧制服的展示到允许孩子试穿经典的卫队仪仗服，每一个环节都经过精心设计。

卫队博物馆1999年在英国博物馆、图书馆与档案馆委员会（MLA）注册，2008年正式向公众开放。

卫队博物馆准备了英国仪仗队的服装供参观者试穿，亲身体验“戴高帽”的感觉

19 世纪早期皇家卫队的仪仗服与配饰

巴思大十字勋章第一卫兵约翰 · 兰伯特少将的奖牌，图中标签的文字为：

1. 奥瑟斯、尼韦勒、尼夫和图卢兹彩色勋带上的半岛金十字架
2. 滑铁卢金牌
3. 尼韦勒半岛金牌
4. 俄罗斯圣安妮勋章
5. 巴思大十字胸章
6. 巴思大十字腰带徽章

博物馆的陈列详细描述了军队在不同时期的各项典礼中承担礼仪职责的性质和来源。在卫队博物馆，参观者能全面了解有关卫队和皇家骑兵团的光荣历史、职责以及现在的功能。对于那些对英国军事感兴趣的游客来说，卫队博物馆是必去之处。

这一组小人向人们介绍了仪仗队的队列形式

1880 年至 1885 年英国军队从反抗英埃统治的上埃及与苏丹的德尔维希部落战士手中缴获的战服

展柜中模拟战场指挥空间

专家正在做讲座

展场里有一个相对宽敞的区域，常常用来举办一些研讨会和讲座。

卫队博物馆为前来参观或者进行学术交流的人提供了完善的配套服务设施。

色调柔和温馨舒适的洗漱间

十月的伦敦气候宜人，卫队博物馆与圣詹姆斯公园之间那条林荫大道愈加迷人，飘飘洒洒落下的树叶经历了一场秋雨的洗礼，此刻静静地躺在路边……

此情此景令人流连忘返。

MUSEUM
THE MUSEUM OF BRANDS, PACKAGING AND ADVERTISING

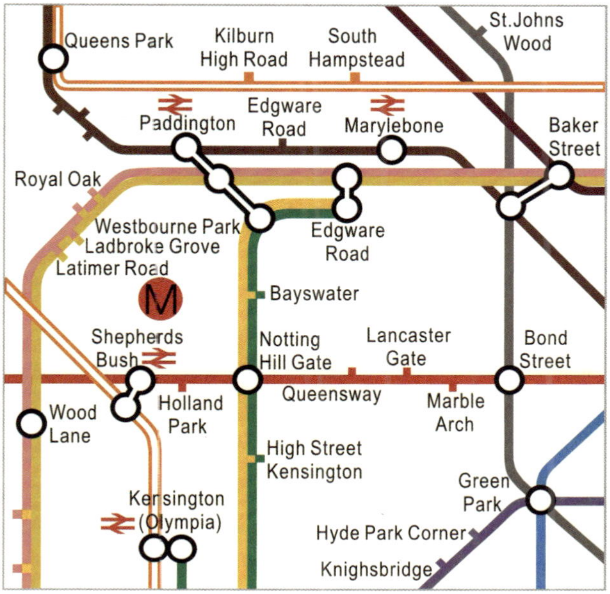

Museum of Brands, Packaging and Advertising

品牌、包装与广告博物馆

穿越时光隧道　感受品牌变迁

地址

2 Colville Mews, Lonsdale Road, Notting Hill, London, W11 2AR

时间

周二至周六 10:00—18:00，周日 11:00—17:00，最迟入场时间为闭馆前 45 分钟

国家公共假期、周一、诺丁山狂欢节、圣诞节闭馆

门票

成人：6.5 英镑

儿童（7—16 岁）：2.25 英镑

家庭套票：15 英镑

团体票（10 人以上）9 折

交通

乘坐地铁至 Notting Hill Gate、Westbourne Park、Ladbroke Grove

乘坐火车至 Paddington

左边博物馆低调的大门几乎被旁边的时尚店铺完全遮蔽了，但就是这样一个看起来不起眼的两层建筑，里面却别有洞天

在伦敦诺丁山 (Notting Hill) 距离著名的 Portobello Road 仅一个街区的一条幽静的小路边有一座普通的建筑，这就是伦敦的品牌、包装与广告博物馆。它是世界上唯一一个以品牌为主题，跨越各个产品领域，将品牌、包装、广告及其承载物作为文化遗产收藏的博物馆。

像英国大多数的博物馆一样，伦敦品牌、包装与广告博物馆是一个非营利机构。不仅如此，它还是英国知识产权局和知识产权教育基金会支持赞助，同时也被多家著名品牌企业、包装集团赞助的一家正式注册的慈善机构。博物馆目前藏有超过 12 000 件的包装原件，从维多利亚时代到当代，贯穿消费文化历史全过程。可以说它是包括图像、图形和图腾等各种视觉形式在内的包装物的万花筒。

博物馆标志

品牌、包装与广告博物馆保存了上百个品牌的完整包装及广告发展演变记录。这个记录不是用文字表述出来的，而是通过那些承载了品牌商标及广告宣传的众多实物展现出来的。这些展品均为原件，包括各种包装盒、包装罐、包装纸、包装袋、招贴、生活器皿、报纸杂志、儿童玩具、工艺品、装饰配件，甚至还有购物篮、月份牌和家用纺织品。与其说品牌、包装与广告博物馆反映的是商业发展的历史，不如说它是近现代英国社会的缩影。

品牌、包装与广告博物馆的门头设计非常简洁，是典型的文字型标志，即纯粹以文字为构成元素。从外观看博物馆有两层，实际上展厅只是占了一层，二楼是办公空间。

这家博物馆的展示空间不是敞开式的，而是被设计成曲曲折折的甬道。天花板、地面及两侧的展柜都是黑色调的，除了展柜内顶部的射灯外，没有别的光源。但恰恰是这种看似昏暗的封闭环境，把参观者带回遥远的过去。从色彩心理学的角度来讲，纯黑的或单一的环境色更容易将人们的视线集中到一个视觉焦点，即展柜里那些看似杂乱、五颜六色的藏品上。

展示区域的划分以时间为分割点，从维多利亚时代、爱德华时代一直到 20 世纪。每 10 年为一个相对独立的展区，展区与展区之间并没有截然的隔断，仅以无框门上标注的年代信息进行视觉分割，因此一路走下来犹如穿越时间隧道一般。

展柜中的展品容量极大，令人目不暇接。这种看似随意而拥挤的摆放方式，完全颠覆了人们心目中博物馆藏品所应该具有的高雅陈列形式。但事实上，一经仔细查看，方才体会到陈列方的良苦用心与巨大的工作量。类别的整合划分、品牌的归纳呼应、包装物与相关广告宣传品的配套摆放，甚至是不同包装材料的归类陈列，都是难度极大的工作。

博物馆 12 000 件藏品涉及的品牌种类包罗万象，涵盖人们日常生活的各个方面，从中可以窥探英国社会的全貌。

维多利亚时代的品牌、包装与广告

进入展区，第一组展柜就是关于维多利亚时代（Victorian Era）的诸多珍贵收藏品的展示。

维多利亚时代是英国人最引以为荣的历史阶段，它前承乔治时代，后启爱德华时代，是大英帝国工业革命的顶峰，也是英国经济文化的全盛时期。它的时限通常被划为 1837 年至 1901 年，即维多利亚女王的统治时期。

维多利亚女王登基的时候，英国只有几条铁路，但在她去世时，英国已经拥有一个连接各大城市的发达铁路网。便利的交通直接促进了商业的发展，工厂生产的商品能

泊兹蛋糊粉的包装

泊兹蛋糊粉是由阿尔弗雷德在 1837 年最早烹制的，他为此成立了自己的公司。此蛋糊粉至今仍然占据英国 45% 的蛋糊粉销售市场。并在很多国家和地区销售，在美国和加拿大等西方主要国家的影响力不亚于英国本土

在最短的时间到达零售商手中。运输成本的减少、运输时间的缩短，使食品的保存与使用更加方便。

包装在一定程度上反映了一个社会时期的经济繁荣程度，维多利亚时代的包装足以体现这一时代特点。

维多利亚时代的日用品包装

烟草、雪茄和卷烟的广告与包装

维多利亚时代，烟草行业有了极大的发展，烟草消费量飞速增加。1888 年萨克卷烟机的投入使用大大提高了卷烟的生产效率，减少了生产成本，原本较为昂贵的卷烟价格也大大降低了

这些宣传海报反映了当时的家庭生活、饮食特色和流行风尚。对于那些拥有豪华宽敞大房子的富有阶层来说，雇佣仆人做家务原本就是非常普遍的。到了 19 世纪中后期，家庭生活品质的极大提升使得富有人家雇佣仆人的数量越来越多，分工也越来越细。管家、男仆、厨师、女佣、梳妆侍女、照顾孩子的奶妈、司机、仆从，甚至还会雇佣专门管理这些佣人的仆役长。为适应日益细化的家庭劳动分工，一大批家用工具和生活用品纷纷涌现。这些新产品不仅大大提高了劳动效率，也使家务劳动变得更加轻松。这一时期代表性的品牌有奥克利磨刀器、史蒂文森洁银粉、卡尔弗特新配方肥皂、李比希肉精、帕斯卡便携凝胶剂等，不得不提的还有 1876 年就获得了专利权的毕赛尔地毯清扫器。

包装上反映社会热点——女王登基 50 周年

在维多利亚女王统治期间，英国民众空前团结，国家繁荣昌盛，英国从一个普通的欧洲国家发展成强大的帝国，这是女王给英国人留下的最好遗产。与女王有关的任何事件都当之无愧地成为英国的大事。特别是当维多利亚女王经历了一段相对长时间的离群索居，于 19 世纪后期重新活跃起来，1897 年举国庆祝女王登基 60 年的盛大庆典不仅使女王和王室的威望大大提高，也对整个社会产生了极大的影响，包括商品包装。

为了庆祝维多利亚女王登基 50 周年（1887）和登基 60 周年（1897），大英帝国及其各殖民地皆举行了盛大的金禧和钻禧纪念庆典，在此期间设计生产了数以万计的纪念品，这些纪念品的包装清晰地反映出这些重大历史事件。

1880 年至 1902 年，英国人为了争夺南非殖民地和波尔人发生数次战争，史称波尔战争（Boer War）。英国拥有庞大的帝国版图，是个劲敌，而波尔人则是勇悍的农民，为保卫家园而战。1902 年波尔人被迫投降，成为英帝国的一部分。这次战争导致约 7 000 名波尔士兵阵亡，因集中营卫生条件恶劣生病死亡的更多达 28 000 人。英国损失也很惨重，20 000 名英国士兵阵亡。被杀的非洲黑人更是无法统计。同期的产品包装对这一重大历史事件也有充分的反映，但是战争的实质及其残酷性完全被掩盖了，民众从包装上看到的仅仅是对战争胜利的颂扬。

包装上反映历史事件——战争

发酵粉和金属磨光剂的广告，均为纸板材质的立式 POP。铁制包装盒的形制和色彩继承了维多利亚时代的华美风格

顺着参观通道一路向前就到了爱德华七世时期的包装展示区。

爱德华七世（Edward Ⅶ）是维多利亚女王和萨克森-科堡-哥达艾伯特亲王的长子，1859 年进入牛津大学，是首位就读于牛津大学的英国王储，1863 年与丹麦克里斯蒂安亲王的长女亚历山德拉公主结婚。1901 年 60 岁的爱德华登上王位，史称爱德华七世。爱德华七世继位后，英、法、俄三国协约的局面形成，通过这个同盟，英国稳定了它在欧洲的地位。

尽管爱德华七世去世后四年就爆发了第一次世界大战，但在爱德华时代，英国一直维持了和平、繁荣、歌舞升平的局面，因此，英国流行着这样一句谚语："如果你不想发生战争，就要有爱德华这样一位好国王。"

社会经历着极大的改变，女人像男人一样接受新技术，比如开摩托车、使用电话。真空吸尘器是那个时代家用电器进步的标志之一。在这些有关吸尘器的广告中，广告主诉求的核心意义是吸尘器完全可以取代传统的女佣。1902 年，休伯特·泊兹的大英真空吸尘器公司开始正式销售这种改变家庭生活的新产品，虽然那时吸尘器还非常笨重。

吸尘器和清洁用品的广告

巧克力广告招贴

这则广告采用的是传统的情节式广告诉求方式。FRY'S 作为最古老的巧克力品牌之一，是由著名的吉百利（Cadbury）食品公司在 1866 年出品的

玩具的包装均采用纸板盒外裱彩色印刷纸的包装形式

第一次世界大战时期的包装

战争期间物资短缺，包装对此有明显反映。铁罐、玻璃瓶等必须借助于外贴纸签包装的产品，纸标的尺寸较之战前明显减小，为了节约用纸均由全包改成半包甚至更窄更小。印刷的色数和面积也都明显减少减小了。广告形象趋于朴素简洁，宣传的是勤俭节约的消费观念和支持前线的主题。

第二次世界大战时期的包装体现了节约的主题，节省资源，支持前线

反映战时幽默的包装产品

鼓舞士气的杯子设计

芭比娃娃素来以完美的体型、灿烂的笑容、时尚的着装和“丰富的工作经历”闻名于世。20世纪50年代以来，尽管芭比娃娃在相貌、种族、肤色、发型、语言乃至服装上都经历了各种变化，但是其健康向上的形象始终如一。如今，在世界上150个国家，芭比娃娃的销量已经超过10亿。

半个世纪来，美泰公司平均每年推出90组系列芭比娃娃。为使芭比娃娃更加人性化，美泰专门为她设计了朋友、家人；最让孩子们着迷的是芭比娃娃那些数不清的漂亮衣服。芭比以其迷人的形象征服了全世界，也改变了一个时代。

起源于20世纪60年代的芭比娃娃是那个时代的标志

包装反映 20 世纪 60 年代的世界杯主题

广告反映 20 世纪 40 年代的伦敦奥运会主题

20 世纪 40 年代的巧克力包装与广告

20 世纪 60 年代以风靡世界的披头士乐队为主题的各种产品包装

穿过 20 世纪 90 年代展区后进入最后一个黑色调的展区，它代表着 21 世纪的开始。虽然 20 世纪的最后 10 年毫无疑问是一个包装产业空前繁荣的时期，但却无法将所有的成就展示出来。因此只安排了左右两侧两个

20 世纪 90 年代展区

不足 2 米宽的展柜，陈列着一些高度概括、基本涵盖全球商品发展现状的代表品牌。

在幽暗的隧道般的展厅迂回往来参观了两个小时之后，眼前豁然一亮，前方的品牌展区是以一种完全不同的装饰风格与藏品分类标准布置的。

在这个展柜里，布展人员试图通过一些代表性的商品向观众介绍“品牌”的全部内涵。看似杂乱的商品按照特定的分类原则三三两两摆在一起，并辅以简单的文字说明以下问题：什么是品牌？什么是品牌的名称？品牌名称是怎样改变的？品牌身份如何确认？色彩和典型符号在品牌的形象塑造中有什么作用？另外，还有当代品牌面临的困境的思考等。相信通过浏览这个展柜，大多数参观者都会对品牌有一个相对深入的认识。与看教科书不同，这种理解是基于大量实物的感官认识，而不仅仅是文字层面的习得。

形象演绎“品牌”一系列问题的展柜

“O”作为一种具有特殊视觉效果的符号，被频繁地使用到品牌的名称及标识设计中

品牌展区除了介绍品牌的各种知识，还用大量珍贵的藏品将品牌的发展演变过程呈献给广大参观者。每个品牌的包装按照时间顺序依次从左至右摆在一起，使人们一眼就能看出这些品牌随着社会历史的发展在包装上的显著变化。

①以可口可乐等为例的包装演变历程
②著名洗涤用品包装的演变历程
③好拉克饮品包装的演变历程
④ PG 红茶包装的演变历程
⑤雀巢品牌的商标与包装的演变历程
⑥ 99 红茶包装的演变历程
⑦亨氏产品包装的演变历程

①

②

③

④

⑤

⑥

⑦

这个展区是由英国最大的零售商TESCO提供赞助支持的，目的是向公众宣传“包装的目的及其功能”，树立“可持续发展包装”的理念，展示英国在节约能源、推动可持续发展包装方面所做的工作。

展柜中陈列着市面上所有能见到的包装形式和材料，从一个世纪以前派送式玻璃瓶牛奶到适应今天超市货柜销售方式的盒装、袋装牛奶，从早期的竹编购物篮到今天超市里随处可见的各种各样的塑料购物袋……并逐一介绍它们的原材料、工艺的优缺点和简要发展历程。

以木材为原料的纸张是包装中最常用的包装材料，也是对自然资源破坏最严重的包装材料

以陶土为原料的包装材料

左侧展柜里陈列着各种各样的包装材料

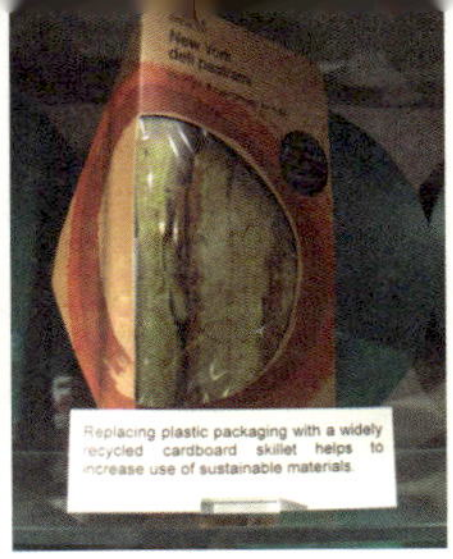

以玻璃为包装材料的酒瓶

各种金属包装材料与成品

各种塑料包装材料与成品

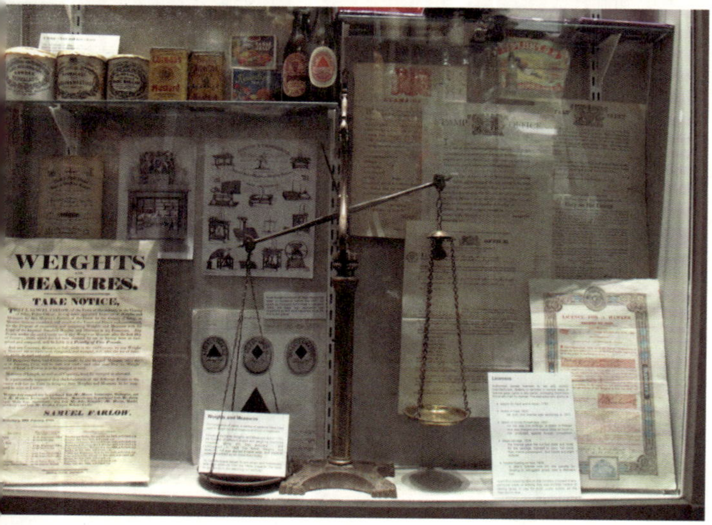

这是博物馆中一处很特别的展柜，里面的展品全部是英国知识产权局的档案资料。知识产权局之所以把本该入库收藏的档案资料放在这里展出，是为了最大化地发挥这些档案的功能，体现它们的价值。

这个展柜中密密麻麻地陈列着各种各样乍一看似乎没有什么关联的文件、报纸和包装产品，仔细研读方才发现这个展柜的信息量之大、权威和重要。

什么是假包装？如何界定抄袭与相似包装？什么是知识产权？怎样保护知识产权？知识产权包括哪些具体的内容，它们又是如何划分的？什么是商标？什么是品牌？什么是品牌资产？怎样做到资源的公平使用而又不侵权……对于这些问题，博物馆通过实物例证与文字说明的方式为参观者做出直观而形象的解释。

沿着参观路线一路往前走，不知不觉间来到一个相对开阔的公共区，这里就是英国每家博物馆都有的休闲售卖区。这时我才注意到，这里与博物馆的入口区竟是相连的，不禁感叹：在这样一个外观看起来非常普通的平层厂房状建筑物内，设计师与博物馆的布展人员极尽所能地将它设计成一个参观路径科学合理、空间安排高度紧凑、区域设计清晰明确的信息宝库。

参观完喝点咖啡、买点博物馆专营的纪念品是每次参观的最后一个项目。点杯咖啡刚想坐下休息片刻，不料无意间的环顾四周竟让我忍不住又站了起来，这个摆满了餐桌餐椅、竖立着开放式货架的中庭周围竟也摆满了展柜。或许是博物馆场地有限、藏品太多了吧，以至于连这一处本应休闲的空间也不忍放弃。最后再看一眼展柜的藏品，我仿佛已经感受到博物馆热切的愿望——希望每一个参观者在即将离开时还能尽可能多地看看这里的收藏、留下最深刻的记忆。

博物馆休闲售卖区周边的展柜

咖啡区也是销售纪念品的售卖区

博物馆的入口与出口相通

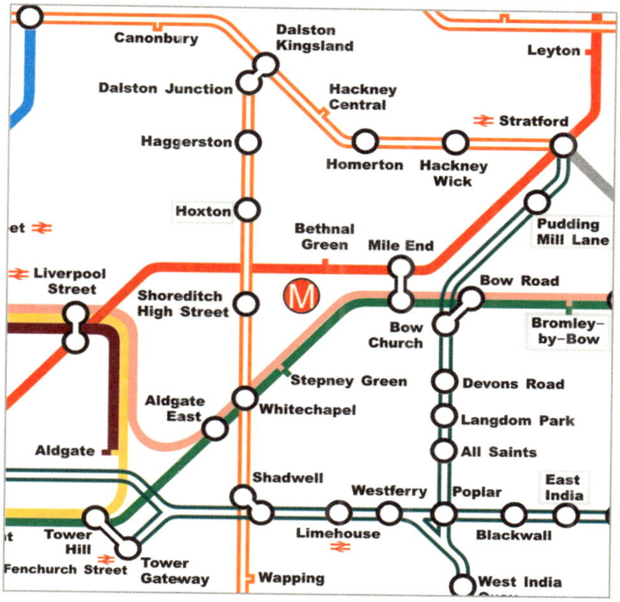

Museum of Childhood

儿童时代博物馆

童年的记忆在这里凝固成为永恒

地址

Cambridge Heath Road，London，E2 9PA

时间

每天 10:00—17:45， 最迟入场时间为17:30

门票

免费

交通

乘坐地铁至 Bethnal Green

乘坐火车至 Cambridge Heath、Bethnal Green

乘坐DLR至 Shoreditch High Street、Whitechapel

乘坐公交车 D6、106、254、309、388

博物馆入口

博物馆海报

儿童时代博物馆也叫维多利亚和阿尔伯特（V&A）儿童时代博物馆，从组织结构上看它是 V&A 的一个分馆，但是由于场馆位置与收藏主题都距离 V&A 很远，管理与宣传上又有相对的独立性，所以普通观众完全感觉不到它的附属地位，习惯上把它看作一家独立的博物馆。

儿童时代博物馆是英国最大的以儿童生活内容为收藏展示主题的国家博物馆，它的藏品时间跨度达 6 个世纪，从 16 世纪一直到现在。博物馆的藏品除了玩具、玩偶、玩偶的房屋、游戏、智力器具等玩耍类之外，还涉及儿童生活学习的方方面面，诸如家、育儿、比赛、学习、服饰以及童年时代的各种代表物品、档案和一些短时效用品类的藏品。除了伦敦的儿童时代博物馆以外，英国还有两家以儿童为主题的博物馆，一个在爱丁堡，另一个在德比郡的 Sudbury Hall。当然，一些综合性或地方性的博物馆也拥有许多儿童藏品。

儿童时代博物馆是一个儿童类资料信息最为齐全的档案馆，这些档案已被博物馆收集了很多年并被科学地归类，以便参观者获取所需信息。这些信息包括藏品名录、设计图纸、照片、幻灯片、书信、简报、作业和课堂报告。这些档案不仅记录了英国玩具制造业的历史，包括产品设计、生产和广告销售，同时也包含了关于儿童的教育历史。

博物馆外观

入口大厅

通道画廊

英国的孩子总是从婴儿时期就被带到博物馆

博物馆大门入口处的左侧展厅正在举办一个临时展，展览主题是使用综合材料制作的装饰类艺术品。站在儿童时代博物馆大门入口处大厅，可以看到里面开阔的展览空间，展厅入口门洞上方悬挂的艺术品是正在进行的临时展的展品。

博物馆大门入口处大厅右侧也是一个相对开阔的空间，墙面悬挂着一些摄影作品，这是一个小型的走廊展厅,这种走廊展厅（有时候也叫“通道画廊”）在欧洲是一种非常常见的展览形式。

博物馆大门进口处大厅右侧有楼梯直通地下一层，地下一层是博物馆的办公区、盥洗室和一些多功能综合空间，很少作为展览场地使用。

儿童时代博物馆的主体建筑有三层，地下一层，地上两层，地上两层的中间部分是挑空的大空间，从博物馆二层俯瞰，整个博物馆看起来非常通透整洁。

博物馆一楼大厅设有咨询处、纪念品商店和餐饮区，为游客提供方便。

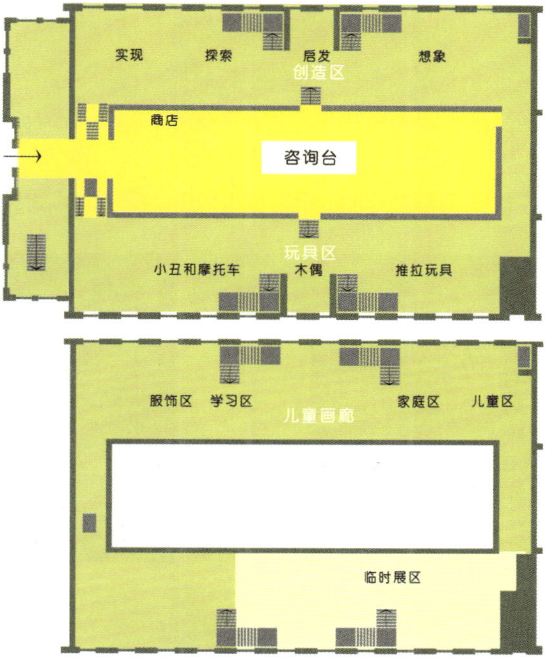

博物馆一层和二层的平面图

博物馆全景

信息台的高度非常适合孩子们的身高

开放式的纪念品商店

展览空间规则排列着许多长方体状全透明的玻璃展柜，这些展柜占据着博物馆一层、二层的大部分空间，根据展品类别划分为不同的展示区域。这种设计满足了以孩子为主要参观人群的特点，不仅有效保护了展品，全通透的展览空间也便于家长观察孩子的位置。

除了这些宏大的展柜外，博物馆也针对孩子好玩耍、喜动手的年龄特点规划了很多实践型的互动展示区域，以满足孩子们的参与心理。

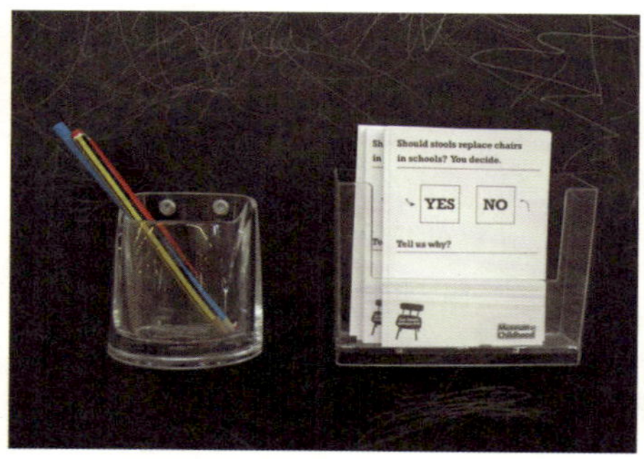

免费的绘画和手工制作区

不同年代的代表鞋子款式匹配区

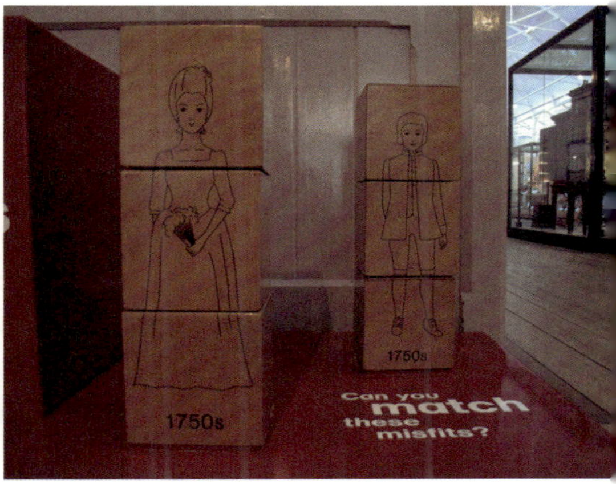

旋转式服装款式匹配装置就是让孩子自己动手找到正确的服装组合

这是一个“鞋子款式”与“所属年代”的互动学习展区，即按照柜子上印的鞋子图案，在架子上找到与图案一样的真鞋放在对应的架子上，完成鞋子与年代的匹配。孩子的参与能获得不同年代拥有不同鞋子款式的直观感受。

博物馆的藏品之一是积木和建筑道具。从古至今孩子们都喜欢建造东西，然后推倒它们，再重新建造。博物馆的藏品几乎囊括了所有世界著名玩具公司出品的构造类玩具套装，如 Richter Anchor Blocks，Meccano，Lotts，Minibrix，Bayko，Kiddicraft，K' Nex 和 Lego。中国孩子最熟悉的构造类玩具品牌首推 Lego（乐高）了。

大家一起参与搭建的互动区

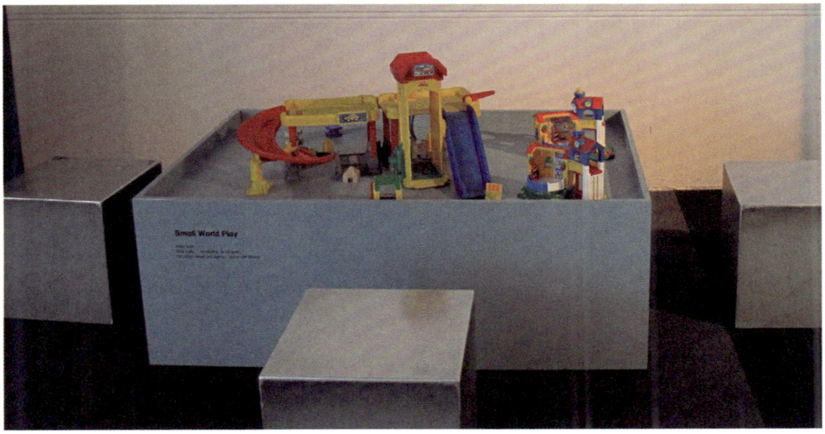

儿童时代博物馆里收藏了从 17 世纪到现代的孩子 1 岁之前所用的几乎所有物品类别，包括奶瓶、卫生用品、衣服、帷帐、襁褓和婴儿床。从这些展品中，我们可以感受到几个世纪以来人们在生活习惯、卫生、安全、育儿理念、审美与时尚方面的巨大变化。

儿童时代博物馆的服装藏品超过 6 000 件，从孩子出生到十几岁时穿的服装和配饰。除了洗礼袍的收藏，还包括过去 400 年间很多其他种类的服装，从 18 世纪正式严谨的风格到 21 世纪以品牌为导向的服饰。服装类型也是多种多样，有校服、庆典礼服、内衣、舞蹈服、鞋子、运动装和休闲装，甚至还有为玩具娃娃缝制的服装。

1894 年，Twiss 小姐买了一个简朴的英国娃娃，取名黛西。她委托荷兰工匠为黛西制作了许多套精美的衣服

从 19 世纪起，上发条的玩具风靡英国。 体现现代技术的自动或者上发条的车和装电池的机器人多属于战争和太空旅行类的玩具。

儿童时代博物馆保留了英国数量最大的玩具藏品。在 4 000 多个玩偶中，年代最久远的当属公元前 1300 年的木制陪葬品玩偶（paddle doll）。这些玩偶代表世界各地的女人、男人、女孩儿和男孩儿，以及各种传说人物。这些玩偶由各种材料组成，有制作玩具常用的传统原料，例如木头、织物、陶器、蜡和塑料，也有不常见的原料，例如水果干、羊骨头和毛发等。

发条玩具至今依然颇受孩子的欢迎。质量以法国和德国制造的为最优

这组以瓷器为主的中国园林花园模型是嘉庆年间中国赠予法国皇后的礼物。该藏品曾先后收藏于东印度公司的印度博物馆、维多利亚和阿尔伯特博物馆、南肯辛顿博物馆等众多高级别的博物馆

儿童时代博物馆拥有近100个玩偶房屋和商店模型。年代最久远的藏品是1673年的Nuremberg house。21世纪的展品有Kaleidoscope house。Tate Baby house，这些都是博物馆最受欢迎的展品。参观者可以从这些逼真的模型房屋看出人们过去的生活状态。

事实上，17世纪的玩偶房屋由于是纯手工制作，价格非常高。说是玩具，但极少有人把它买来送给孩子玩，它通常是非常富有的成年人把玩的贵族玩具，同时也被家长用作教具，教导女孩子学习整理家务。到了19世纪，随着技术的发展，更多的机制玩偶房屋被制造出来，价格大大降低，这才逐渐成为孩子们的玩具。

儿童时代博物馆收集了从 17 世纪 50 年代到 21 世纪的所有与儿童生活有关的典型家具，这些家具兼具艺术性与实用性，同时还能给孩子带来身心的愉悦。这些家具包括传统的木制摇篮、18 世纪婴儿助步车和椅子。

早在公元 16 世纪，孩子们的生活中就出现了摇马

从最小的“微型机器”到脚踏车，孩子们喜欢跟交通工具玩儿。博物馆收藏的交通工具玩具包括火柴盒大小的汽车、Scalextric 赛车系列、Hornby 火车系列和 Airfix 模型飞机，除此之外，还有很多交通工具的珍贵手工模型。

儿童时代博物馆拥有 3 000 余件室内和户外的游戏类以及智力玩具，这些玩具能有效帮助孩子学习走路、阅读、拼写，为将来的学校生活和成年生活做准备。学习类玩具类似于现代孩子的“学具”，如图形匹配玩具，各种积木、玩具打字机等。值得一提的经典藏品之一是来自宫廷的收藏：乔治国王三世的孩子用来学习地理的地图拼图和一个 1535 年出品的德国游戏棋盘。

各种影视剧角色玩偶

儿童时代博物馆还收藏了很多流行影视剧、戏剧和特殊艺术表演中角色的玩具模型，如影偶、木偶、棚戏偶和日本文乐剧木偶。各种电视角色的玩具模型也很丰富，例如 Muffin the Mule、Kermit the Frog 和 Archie Andrews ventriloquist doll。

儿童时代博物馆藏有超过 1 000 种兵人，包括一些著名角色和来自英国 Airfix 的士兵和平民，还有 He-Man、星球大战和哈利·波特中的角色模型。这些兵人、手办的材质有金属、木制、纸和塑料。

木偶是不同文化中用来表演节目或者讲述故事的道具。儿童时代博物馆收藏了很多来自世界各地的漂亮木偶。同样的，木偶剧院帮助孩子们演出流行的剧目或由他们自己编写的故事。

木偶展柜

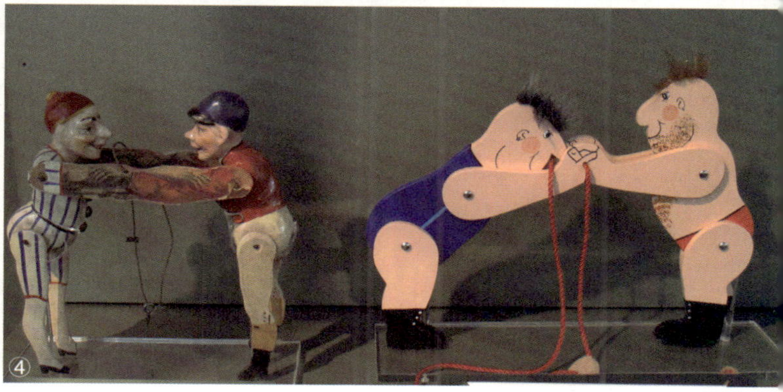

①斯威尼陶德木偶（1938—1945）
②来自中国的手偶（1875—1900），木偶的头是木制的，并搭配精致的服装
③这是一组由英国 Pelham puppets 制作的小木偶模型，包括跳舞的女孩、骷髅人等
④两个角色就组成了一对摔跤木偶，拉动控制线两位主角就开始了击打

博物馆的展品让每个参观者更加关注孩子这个群体。通过观察孩子周边的物品以及它们对孩子生活的影响，每个成年人对自己曾经拥有的、现在儿孙们正在经历的以及未来的孩子们将会经历的儿童时代有了更多的思考和更深的理解。

儿童时代博物馆正在进行一个为期四年的令人激动的项目——英国玩具制造计划，目的是对 20 世纪玩具制造历史做尽可能详细的梳理与研究，并最终将这些研究结果数字化。

MUSEUM OF LONDON DOCKLANDS
Free
MUSEUM OF LONDON DOCKLANDS
Free entry

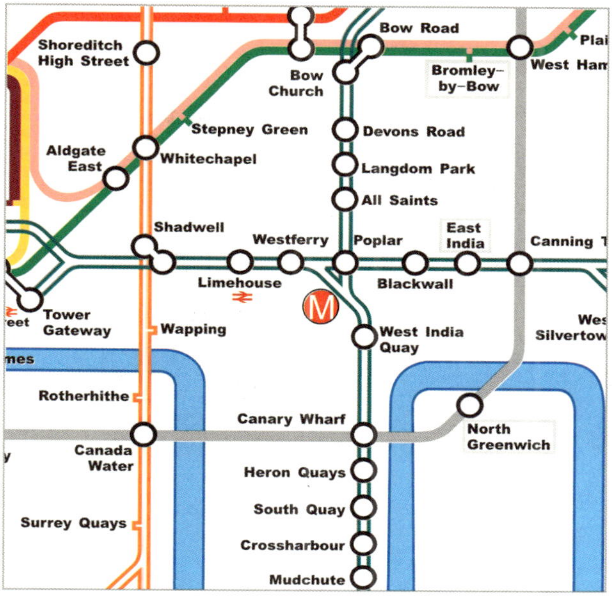

Museum of London Docklands

伦敦船坞博物馆

东伦敦繁华衰败与重生的记忆库

地址

No. 1 Warehouse, West India Quay, Hertsmere Road, London, E14 4AL

时间

周一至周日 10:00—18:00，最后入场时间为17:30

圣诞节期间（12月24—26日）闭馆

门票

免费

交通

乘坐地铁至 Canary Wharf

乘坐 DLR至 West India Quay出站后约2分钟步程

乘坐公交至 D3、D7、D8、277、N50、D6、15、115、135

乘泰晤士游船(Thames Clippers) 从Bankside或Maritime Greenwich Pier 到 Canary Wharf Pier 每10—15分钟一班

伦敦船坞博物馆的标志与外观

伦敦船坞博物馆地理位置图

伦敦船坞博物馆是 2010 年 4 月开始免费对公众开放的一家小型主题博物馆，从组织结构上来说它是伦敦博物馆的一处分馆。伦敦船坞博物馆记载了伦敦老船坞地区 2000 年的历史，展示了这个地区翻天覆地的变化，揭示了伦敦港口的社会意义和经济意义。

伦敦船坞博物馆坐落于伦敦东部的船坞区，博物馆主体是原西印度码头 1 号仓库的旧址。这里曾是世界最大港口——伦敦港的作业区，在第二次世界大战的伦敦大空袭中，船坞群受到了敌方集中攻击，被大规模破坏。

这个区域的重建工作一直持续到 20 世纪 50 年代，码头区再次成为繁华的港口，然而短暂的复兴之后萧条突然到来。随着集装箱的发明和使用掀起了海上运输和陆上运输的物流革命，船舶公司将停靠地从无法装卸集装箱的伦敦城市内陆码头区转移到能更好实现集装箱化的蒂尔伯里（Tilbury），甚至是面向外海且水位较深的费利克斯托(Felixstowe)。

伦敦船坞博物馆全景，这个 1 号仓库的一层被全部改建成咖啡厅，供周边金融区的白领休闲放松

从这些老建筑依稀可见老船坞区的风貌

船坞区河道纵横交错

从 20 世纪 60 年代到 80 年代，所有的船坞陆续停止了营业，在伦敦市中心诞生了面积达 21 平方千米的废墟。伦敦东区的失业问题愈发严重，并随之衍生出诸多社会问题。

伦敦船坞区沿途风光，时尚与传统的完美结合

博物馆紧邻伦敦东部的金融区，身处此地，感受犹如两个世界，一个古老宁静，一个现代繁华

伦敦船坞博物馆入口

博物馆一层中厅，室内设计保持了原1号仓库的建筑风格，古朴厚重

一层的临时展览场地，墙面安装的压克力置物架摆放的是其他博物馆的一些宣传资料

“伦敦码头区（或船坞区）”这一名称在1971年英国政府再开发计划报告书中首次使用。1981年，英国环境部成立伦敦码头区再开发公司（LDDC），对废弃的船坞区进行大规模改造。这家公司由政府组建，拥有获得码头区土地和征地等权力。码头区大部分旧仓库和旧码头被拆除，还有一部分仓库被改建为住宅。船坞区的沟渠和水面几乎都得到了保留，主要为游艇及水上体育中心服务。

由于码头区长期以来是靠水路进出的，陆地交通极为不便，于是伦敦码头区再开发公司在码头区和伦敦中心区域之间修建了费用较低的无人驾驶的旅客捷运系统——码头区轻便铁路（DLR）。不久，地铁、轻轨也相继到达这里并通向四面八方。如今这里已是交通便捷、高楼林立的大型商务区兼住宅区。由于靠近伦敦市中心的金融城，地理位置优越，越来越多的商务写字楼在此兴建，高科技公司与世界知名企业也陆续来此安家落户。

如果想亲身体验船坞区的变化，不妨乘坐轻轨一路从银行站到格林威治站，观赏泰晤士河的沿途风光。在这片混杂着巨型玻璃的钢筋混凝土丛林中，船坞博物馆非常惹眼。这个仓库本身就有200多年历史，行走其间仿佛能闻到古老船只的味道。

伦敦船坞博物馆收藏了近100万件藏品和600万件出土文物。随着考古发现的不断增加，藏品的数量也在增长。同时博物馆还收藏了一些现代物品用以记录21世纪的伦敦生活。博物馆的主要收藏品包括：

25000件时尚及纺织品
150000件关于伦敦的绘画、印刷品和照片
17000具骨骼，堪称欧洲最大的考古档案
50000件史前和罗马时期伦敦的藏品
15000件撒克逊时代和中古时代伦敦的藏品
55000件都铎王朝和斯图尔特王朝时期伦敦的藏品
110000件现代伦敦藏品（18世纪至今）
1800个生活故事，来自于伦敦人的口述
50万件关于伦敦港口管理局和Sainsbury超市的历史档案

这些藏品是人们了解伦敦过去和现在的重要信息来源。

博物馆原为四层仓库

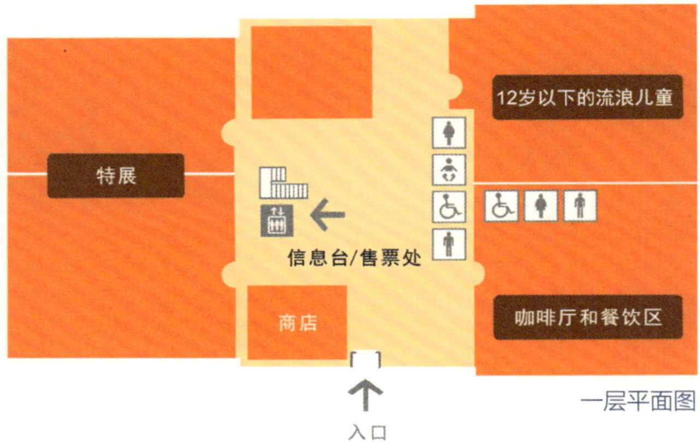

一层平面图

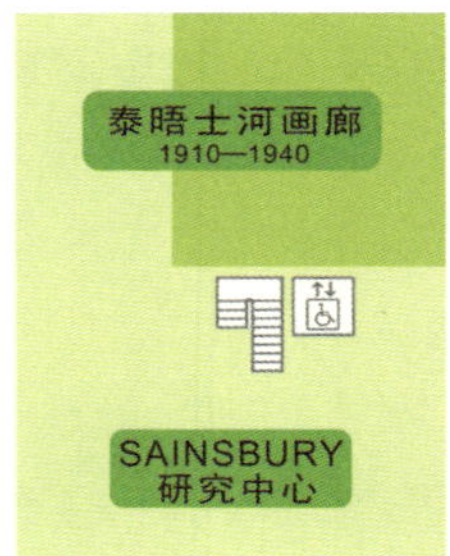

二层平面图

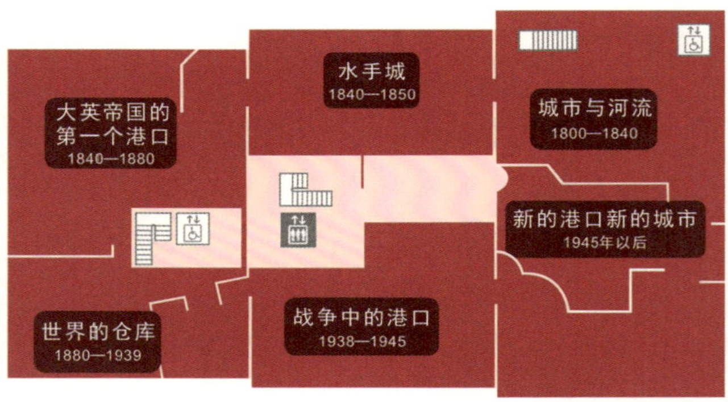

三层平面图

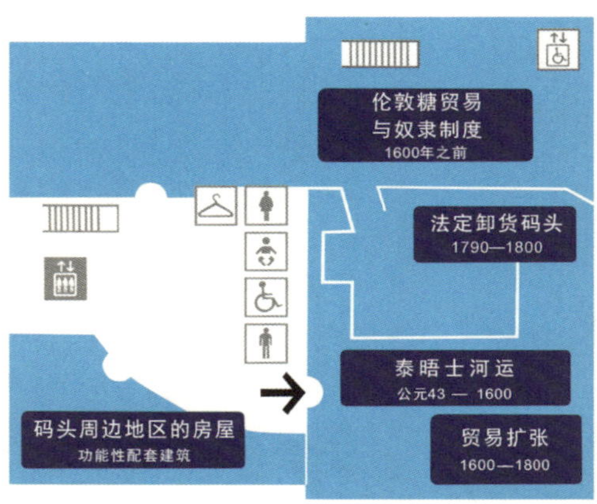

四层平面图

伦敦船坞博物馆共有五层，地下一层，地上四层，从其平面图上可以清晰地看出不同楼层及各展示区域的信息。

博物馆有 11 个永久展区，也叫“画廊陈列馆”，展示了港区码头、泰晤士河以及伦敦作为世界重要贸易城市的历史。因为伦敦船坞博物馆主要展示的是东伦敦泰晤士河沿岸、船坞区以及当地社区的历史故事，因此也可以被视为东伦敦博物馆。从近百年的发展进程来看，与伦敦东部的船坞区相比，伦敦的其他区域并没有如此巨大的变化引发全社会的关注和争议。

18 世纪，伦敦东部居民的生活主要集中在泰晤士河及其沿岸。19 世纪，这个区域变成了世界上最大的码头聚集地。20 世纪，老码头都被清除掉了，取而代之的是如今写字楼林立的金丝雀码头和商业贸易中心。这种巨大的变化是如何产生的？住在这里的人们受到了怎样的影响？11 个画廊陈列馆向参观者回答了这些问题。

伦敦船坞博物馆最有价值的展品就是博物馆自身正在使用的这个建筑——西印度码头的 1 号仓库。乔治时期，有九个竖立在西印度码头北部的仓库，这些仓库被西印度码头公司用于储存加勒比海非洲奴隶生产的糖、朗姆酒和咖啡。这些建筑是 18 世纪早期一群富有的商人和奴隶主建造的，他们希望通过这个码头进行更好的航运和储存，从而获取更高的利润。1799 年，为了更好地利用西印度码头，这些商人和奴隶主成立了西印度码头公司。西印度码头公司绝大多数的仓库都在 1940 年 9 月第二次世界大战期间被战火摧毁，只有 1 号和 2 号仓库被保留下来。

仓库每一层楼板的高度都是由储存货物的类型决定的。底层的高度被设计成两个大桶叠加的高度，储存漂白蔗糖。上层的高度被设计成一个大桶高度，储存较重的粗糖。顶层用来储存那些重量轻的货物，如咖啡、可可、棉花和甘椒等。1901 年，屋顶和二层地板在大火中被毁掉了。至今我们还能看到大火之后人们为了防火而安装的双层铁门。随着 1980 年西印度码头的关闭，这些建筑也被废弃，直到 2000 年作为博物馆和其他商业空间被重新启用。

博物馆东侧建筑的一层大多被改造成咖啡馆

博物馆里常常可见年迈的老者

多媒体辅助展览设备

泰晤士河运展厅

船坞区码头和建筑模型

泰晤士河运　公元43—1600年

在这个画廊陈列区，参观者可以形象地了解从公元 43 年罗马移民抵达伦敦到撒克逊位于 Convent Garden 下游的早期伦敦港口，也能了解在 Billingsgate 和 Lower Thames 街挖掘出的罗马时期和中世纪的港口遗迹。

画廊陈列馆展出了大量有关泰晤士河畔早期贸易的绘画作品和文献资料，在这里参观者可以通过安装在画廊陈列馆的由 Tony Robinson 解说的多媒体电视设备和考古学家展开互动。这也是船坞博物馆为地理和历史等学科的公众教育提供具体支持的有效手段。

在这个画廊陈列馆有一个壮观的展品，那就是 1∶50 的老伦敦桥模型。模型一侧展示了伦敦桥的形态和相关的 15 世纪 50 年代的建筑样式；至于另一侧也就是背面，参观者要穿过下一间画廊才可以看到全貌——它显示了伦敦桥在都铎时期的荣耀历史。

贸易扩张时期展区

贸易扩张　1600—1800年

随着贸易公司如东印度公司、莫斯科夫公司和非洲公司的成立，大英帝国开始在世界范围内进行贸易通商，这些生意都来源于伦敦。

这个展区有一个极富研究价值的场景复原模型，那就是伊丽莎白一世在 1558 年建立的用来征收货物关税的“法定卸货码头”。

陈列品还有一处展示伦敦第一个用于捕鲸业的“湿船坞”、西印度公司货物的登陆和造船以及相关产业。

展区有一个在触摸屏上完成的参观项目：East Indiaman Falmouth。它介绍了英国商船远赴中国的整个航行过程，不仅形象地介绍了世界贸易的概念，也使参观者体会到 200 年前跨越大半个地球超远距离海运的艰险。在这个触摸屏上，有一段戏剧化的录影介绍了一个典型的 18 世纪伦敦咖啡店的生意经。

法定卸货码头 18世纪90年代

这个小的画廊陈列馆重现了 18 世纪晚期的“法定卸货码头”的产生背景：由于大量的船只将货物卸载在这里，导致码头过分拥挤，频繁出现货物丢失窃抢现象。码头的管理很混乱，人们迫切需要一些更加安全的码头。

博物馆的陈列品也展示了那个年代充斥在繁华的伦敦船坞区-泰晤士河附近的犯罪历史。最著名的展品是悬浮在河岸码头的铁笼绞架，它唤醒了人们关于那个时期对海盗的残酷惩罚的记忆。

法定卸货码头模型

大型远洋运输船模型

19 世纪的货物与码头办公室

伦敦城和泰晤士河画廊

城市和河流 1800—1840年

19 世纪前期泰晤士河及其港口发生了巨大的变化。在恶犬岛，一个庞大的码头聚集地被建立起来，一架跨越泰晤士河的新桥和隧道被建成。伦敦的经济活动被大力鼓舞着，这一切变化都在画廊展览馆中被形象地展现出来。

这个展区也介绍了捕鲸业贸易。曾经有一段时期伦敦出现了世界上规模最大的捕鲸人，这些陈列品包括 19 世纪的鱼叉、用来提炼鲸脂的罐子和捕鲸人用的木料。

展厅内的港口沙盘

水手城　1840—1850年

这个画廊陈列馆重现了被现代人称为“肮脏却独具一格”的维多利亚时代沃平地区的景象。当时整个区域布满了大小街道和巷子。 当地居民和来自各个国家的水手生活在一起，并慢慢融为一体。1852 年，Thomas Beames 牧师这样描述维多利亚时代的沃平码头 :“走到那个地方，你碰到的四个人里面就会有一个水手……到处都有公共建筑……这些公共建筑为水手们提供补给，并使他们聚集在一起……小偷们都聚集在差一些的建筑里，许多经常酗酒的水手因健康状况下降、经济不好，不得不聚居于那些差一点的公共建筑里，而小偷们都有目的地集中在那儿。”由此可见，繁荣的船坞区隐藏的社会问题已经到了非常严重的程度。

大英帝国的第一个港口　1840—1880年

这个画廊陈列馆向人们讲述码头区鼎盛时期的故事，当时伦敦是世界上最大帝国的首都，它的港口处理着来自全世界的大量货物。

随着蒸汽动力的出现与广泛应用，伦敦的贸易额大大增加，更多的贸易在这里进行，从而兴建了更多的码头。船只也被建造得更大并且逐渐摒弃了木制而启用铁质材料，1855 年至 1886 年，一系列新码头在泰晤士河两岸建造起来。

画廊陈列馆的展品记录了码头工人的生活，例如 1889 年码头工人大罢工的大块条幅。其他的主题包括第一批码头警察的进驻、世界上最大船只之一的“Great Eastern”和英国历史上最大的海难——爱丽丝公主海难。大量的绘画作品、照片和影片将历史故事演绎得更加生动。

大英帝国的第一大港口展厅

沿河两岸的造船业展区

辅助机械造船的其他工业煤气厂、机械制造厂展区

1889 年的码头工人大罢工展区

世界上最大船只之一的“Great Eastern”

世界的仓库 1880—1939年

伦敦是飞速扩张的大英帝国的中心，大量的货物从伦敦的码头装卸。

1880—1939年，遍布河岸的仓库几乎储存了任何能被想到的商品：香料、药物、谷物、糖、肉、水果、咖啡、可可、茶叶、葡萄酒、蒸馏酒、烟叶、贝壳、羽毛、皮革、兽皮、木材、纸、黄麻、羊毛、东方地毯和其他货物。

中国茶农采茶海报

画廊陈列馆展现了当时货品丰富繁荣的美妙场景。展品中有再现烟叶称重的称重站。博物馆专门开辟出一个地下室用于展示烟叶、木材、谷物和糖的交易历史。

这个摆满商品的展区也被称为“能够满足好奇心的展览柜”。一个互动触摸屏可以帮助参观者了解这些神奇的物品——象牙、乌龟壳和其他古代珍奇物品。一个鸦片烟袋被巧妙地安置在水手的铺位上，它揭示了海上贸易黑暗的一面。

茶叶罐

与中国关系密切的茶叶贸易

灵活多变的展示布局与展区设计

复原的称重设备

战争中的港口 1938—1945年

第二次世界大战爆发后，港口成为希特勒空军最明显的攻击目标。1940 年 9 月 7 日傍晚，德国空军对伦敦发动了大规模空袭。大多数码头都是在这次空袭中被摧毁的，港区遭到了几乎毁灭性的打击。船坞博物馆收集的 William Ware (1915—1997) 的油画清晰描绘出当时伦敦码头遭受空袭的惨状。

博物馆的展品有助于参观者了解港口在敦刻尔克大营救中扮演的重要角色和一些秘密项目，比如 Manusell 城堡的建造、连续油管的敷设和建造 Mulberry 港的防波堤。画廊展览馆展出了和战时伦敦港口管理局建造的避难所等大的复制品。200 多个避难所在战时拯救了很多人的性命。

船坞博物馆最珍贵的展品之一是一面在 1944 年 6 月 6 日独立日时从第一架飞到法国的飞机上飘落下来的旗帜。这面旗帜是由这架飞机的驾驶员 George Sluman 提供的。

铁路、轻轨通到船坞区：原大地铁车厢的重现

新的港口新的城市展区

新的港口新的城市　1945年以后

最后一个画廊陈列馆集中展示了过去 60 年间东伦敦船坞区从内到外的巨变。

这个展区讲述了伦敦内陆码头从衰败到短暂复兴再到 20 世纪六七十年代彻底衰败的过程，以及创伤性事件带来的污染、失业和各种社会问题。

由于原来的港口变成欧洲最大的重建工地，这种混乱的状态一直持续了很长时间。策展人员从社区和开发者的角度回顾了重建的过程。代表金丝雀码头的发展和 DLR 交通成就的海报、模型以及其他展品都向参观者展示了这个区域艰难再建中值得回味的故事。

伦敦东部船坞区在过去 200 年中的发展反映了英国贸易和经济的转型。从之前依靠海运为英国人民带来全世界的货物到今天不同国家间的贸易通过电子商务的形式完成，伦敦有了新的“港口”和新的“城市”。

新的港口新的城市展区电子辅助展示设备

临时展展区的空间设计

伦敦女童军100周年特展　一楼临时展览

伦敦船坞博物馆除了有大量的永久性展览，还会定期不定期地举办多种多样的主题展览。通过这些临时的展览活动，人们可以更好地了解伦敦的历史、现在以及未来的发展前景。

英国女童军是一个国家组织，它的正式名称为“女童军总会”，是国家志愿青少年服务委员会的一员。该组织1910年于英国发起，到2010年正好100周年，因此伦敦船坞博物馆举办了这个纪念特展。英国女童军总会于1928年成为世界女童军协会的创始会员，至今已拥有60万成员，是英国最大的女性青少年组织，全英超过1/4的8岁及以上女童为幼女童军。

英国女童军也是一个慈善机构，它的工作内容之一是为青少年族群的个人和社会发展提供支持和必要的帮助。

临时展展区相对独立的设计角

女童军特展中的愿望树

Welcome to
The Fan Museum
Unique in the world!
EXHIBITIONS
SHOP
020 8305 1441
www.fan-museum.org

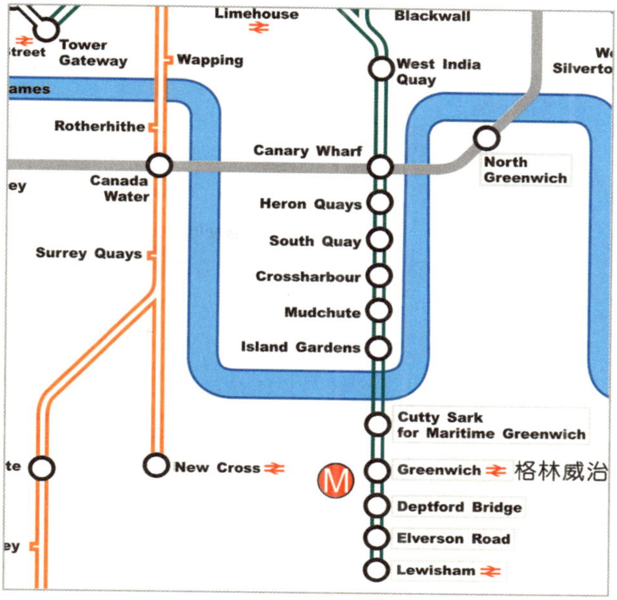

The Fan Museum
扇子博物馆

一个建筑和艺术的宝石、一片宁静的绿洲

地址

12 Crooms Hill, Greenwich, London, SE10 8ER

时间

周二至周六 11:00—17:00，周日 12:00—15:00

门票

成人：4英镑

优惠票：3英镑

7—16岁：3英镑

团体票：2.5英镑

7岁以下免费

交通

乘坐火车至 Greenwich

乘坐DLR至 Greenwich 或 Cutty Sark

扇子博物馆是一幢保存完好的英国17世纪的经典建筑

英国传统建筑大多拥有地面下的楼层和与之配套的下沉式庭院

扇子博物馆位于东伦敦历史悠久的格林威治（Greenwich）核心区域，它是世界上唯一一个专注于扇子历史、制作工艺及各方面信息的主题博物馆，也是格林威治特色旅游景点之一。在格林威治，大多数游客都是冲着子午线和国家海事博物馆去的，孰不知，这个小博物馆拥有毫不逊色的游览价值。

扇子博物馆成立于1991年，当年就赢得了英国国家艺术收藏基金和英国旅游协会的“艺术与旅游界杰出贡献奖”。现在扇子博物馆已被列入世界历史遗产保护名录。

古朴的信息牌

门前这个小花坛也是博物馆主体建筑的一部分，形状像极了扇子

扇子博物馆馆址是一处建于 1721 年的英国国家二级建筑保护单位。为了保持该建筑的原始风貌，建筑主体及其附属景观橘子园都被完美地修复并保存下来，因此现在的博物馆充分展现了原有的奢华环境与建筑式样。

白色的罗马柱搭配黑色的木质大门，一个小小的门厅后是一扇简洁的木门，这就是扇子博物馆的入口

木门上的铸铜构件展示的是中国的文化形象，由此可见扇子与中国的密切关联

这里是扇子博物馆的第一个空间，以黄白为主的欧式设计风格使参观者倍感温馨惬意。进门左右两边分别是信息台和售票台

这个房间从功能上被一分为二，靠近门口部分是接待区，里面是展示区

扇子博物馆的藏品跨越10个世纪，包括从11世纪至今世界各地的3 500多把精美的古董扇子。博物馆拥有世界上最珍贵的扇子孤品、扇叶和相关材质。扇子博物馆展出的藏品显示了世界各地各种扇子的不同形制以及错综复杂而又精美绝伦的制作工艺。通过参观，游客不仅能欣赏扇子的艺术性，而且还能够直观了解到不同时期的扇子特征、制作过程和使用背景。

这里是扇子的世界，通过无处不在的信息牌，游客能够了解每件陈列品的历史和社会背景，以及它们的收藏地位和实际用途。

扇子的用途随着时代的变迁而改变，有的扇子从最初强调纳凉的功能逐渐转化为配饰，仅在特殊或重大场合使用；而有的扇子则从最初的装饰性渐渐转化为朴素的实用性。

基于特殊空间的策展需要，扇子博物馆的所有家具、用品都尽可能模仿扇子的形状。这张桌子是博物馆的信息台，无论是桌面还是桌子上的捐款箱都是近似扇子形

英国扇子制造协会成立于 17 世纪的伦敦，它致力于协调查理二世国王 1660 年复位后繁荣的贸易。该协会在 18 世纪被安妮女王授权为特许公司，它的标徽是扇面形的盾，上面刻着“艺术与贸易联合”几个字，右上角的锯、左上角锋利的烙铁代表着制作扇子的工具，标徽的顶端是一只右手，握着一把金制的扇子，标示其特殊的社会地位。

英国扇子制造协会标徽

19 世纪，在维多利亚女王的鼓励下，扇子制造协会组织了一系列有关扇子的展览会、设计比赛、创新竞赛，并且一直延续到今天。

20 世纪，该协会成为一个由学院和王室支持的研究机构，此外还包括 5 家或以上著名扇子制造商，特别服务于伦敦市长。

21 世纪初期，协会举行了它的千禧年艺术展，展示从传统扇子制造到高科技航空学和环境工程学的跨越和转换。

至 2009 年，扇子制造协会已经为所在城市和它的国家提供高质量服务 300 余年。

扇子博物馆收藏的中国扇子，从题记可以看出扇面上描绘的是园林一景，绘制于1925年7月。这是一件Bland夫人的个人收藏

上图是一把以贝母为主材辅助雕刻工艺制作的精美折扇。这把扇子是远东地区的手工艺人专门为欧洲市场制作的，产于1830年

贝母是一种质地较为坚硬的彩色天然材料，它由贝壳加工而成，多用于制造扇子的框架和内布的镶嵌装饰材料。由贝母构成的珍珠层的主要成分是碳酸钙，珍珠层包含少数的贝壳硬蛋白。贝母在形成过程中产生一层一层的物理状态，由此产生丰富的色彩与光泽变化。

下面的贝母扇，使用银石榴石打造“羽毛”柄把，同时还用到金属环设计

由于扇子这种独特的藏品决定了展示时须打开，如此一来就会占据相对多的平面空间，博物馆的展示空间远远满足不了将所有藏品的展示。所以扇子博物馆采取了相对有规律的轮换展出方式，每 4 个月进行一次更新，以保证参观者每次去都能见到不同的展品。博物馆的展品并不是全部来源于自有藏品，博物馆会以交换或者租借的方式从其他一些收藏机构补充过来一部分展品，这样做也是为了促进扇子的收藏与展示。

不同类型的扇子，有可以折叠的，也有不能折叠的，下面这把不能折叠的扇子使用的是中国的大漆工艺

据考证，折扇最初是18世纪末由英格兰人发明的，一种类似的扇子19世纪在法国申请了专利，上图中的扇子都是19世纪的。折扇被广为接受并迅速流行起来得益于其功能性的革命，扇子可以在折叠后放在女士的手提包里，这一点使折扇成为女人必备的随身用品之一，除了功能性，更多则体现在装饰性上

这是一把很特别的折扇，黑色的蕾丝扇面与一个黑色的天鹅绒面具融为一体。它来自巴黎，在美国出售

扇子博物馆正在举办的临时展——扇子中的音乐，参观者可以欣赏到几个世纪以来与音乐有关的扇子藏品，它们可能是礼仪用品、时尚装饰品、纪念品、广告品，同时也是身份的象征。

博物馆正在举办的临时展——扇子中的音乐，这是它的宣传海报

“扇子中的音乐”主题展展区

“扇子中的音乐”主题展拥有两个互通的展览空间

扇子博物馆的商店销售各种各样与扇子相关的商品，这些五花八门的商品都是独一无二的纪念品。

除了收藏展出扇子，博物馆还承接订单。专业的工作室根据个人或者团体的要求代为设计制作不同用途的扇子。同时，扇子博物馆还为那些跟它们有着同样爱好的私人扇子收藏者提供针对扇子藏品专业水准的保养和维修服务。

作为一个独特的主题博物馆，扇子博物馆也承担着社会教育职能，它的学习设施可以满足从小学生到研究生各个阶段的学习和研究需要。

扇子博物馆商店

扇子博物馆商店里琳琅满目的特色纪念品和专业书籍

foundling

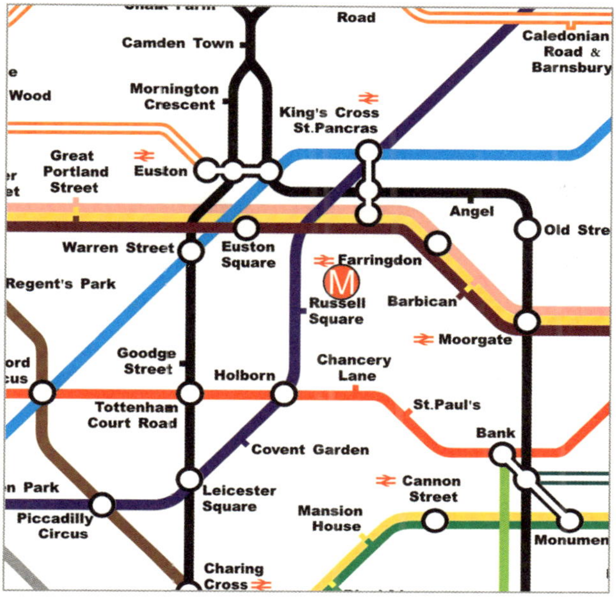

The Foundling Museum

育婴堂博物馆

被抛弃孩子的家园

地址

40 Brunswick Square, Camden Town, London, WC1N 1AZ

时间

周二至周六 10:00—18:00，周日 11:00—18:00

周一闭馆

门票

成人：7.5英镑（8.25英镑的票含纪念品）

优惠票：5英镑（5.5英镑的票含纪念品）

16岁以下儿童、育婴堂的朋友、艺术基金的会员免费

交通

乘坐地铁至 Russell Square（步行2分钟即到）、King's Cross 或 Pancras Street

乘坐火车至 Euston、St Pancras、King's Cross（步行10分钟）

博物馆入口

育婴堂博物馆在路的尽头

育婴堂是英国第一所被抛弃孩子的家园，也是伦敦一家著名的公共艺术画廊。

育婴堂博物馆是 1998 年根据代理人法案依法建立的一个独立慈善机构，目的是管理已经完成历史使命的育婴堂医院的大量收藏品及相关历史文献，并收集收容孤儿的信息、挖掘导致孩童被遗弃的各种原因与社会问题。代理人法案给予博物馆 25 年的时间去募集与藏品市值相近的资金，以便从育婴堂医院购买藏品。成立后的育婴堂博物院经过近 6 年的紧张筹款、翻新和重修，于 2004 年正式对外开放。

育婴堂博物馆靠近育婴堂医院的旧址布伦瑞克广场（Brunswick Square），其主体建筑是 1973 年随着医院和最后一批孩子的搬迁而建造起来的。这里有真正的 18 世纪室内装饰、家具和设施，包括会议室、画廊、富有特色的楼梯以及富丽堂皇的洛可可式法庭。

从外观看，我们通常会认为育婴堂博物馆只有两层，其实它是一座拥有四层空间、极富历史感的典型英式建筑。旁边毫不起眼的两层建筑就是大名鼎鼎的科拉姆慈善机构

进入博物馆是一个小门厅，左侧是售票处，右侧是博物馆商店

1952 年，相关法令的调整改变了儿童慈善机构的原有存在方式，1954 年育婴堂医院把剩余的孩子安置到其他收养院和寄养家庭，这个慈善医院随即更名为“科勒姆”（coram）并沿用至今。因此古老的育婴堂医院现在依然是慈善机构，只是换了一个名字而已。科勒姆旨在保护、发展并提供对弱势群体的孩子、青年人和他们的家庭的保护与援助。

由于博物馆的特殊主题，它也是为数不多的同时受到老年人和孩子们欢迎的博物馆之一。这里经常组织针对不同年龄层面的学习交流会和讲座。

博物馆的特色捐款箱
英国绝大多数实行免费参观制度的博物馆都会在醒目位置设置捐款箱。收取门票的博物馆也允许摆放

一层的信息台和咖啡厅

进门右手是博物馆商店的对外橱窗展示

进门左手是博物馆的售票处、信息台和接待区

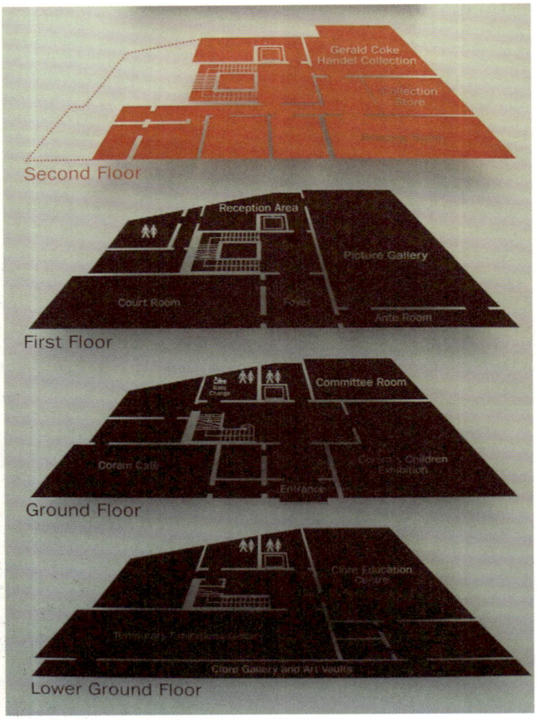

博物馆楼层分布图

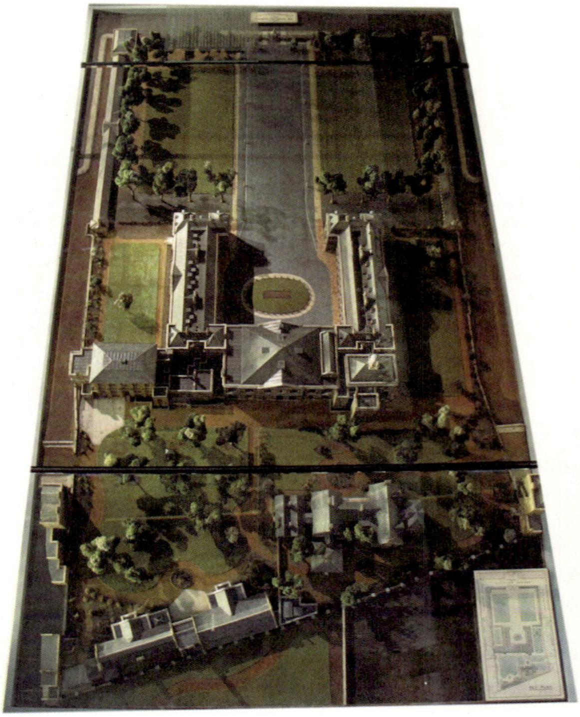

老育婴堂医院的沙盘模型

博物馆一共有四层：

第一层就是通常意义的地下室，英国人叫作“Lower Ground Floor”；

第二层是我们认为的一楼，英国人叫作“Ground Floor”（地面层）；

第三层从建筑外观上看是二楼，但是按照英语的习惯称为“First Floor”（一楼）；

第四层是顶层，从外观上看是带有突出窗户的那一层，中国人习惯叫阁楼，但是博物馆的导览资料上将其称作“Second Floor”（二楼）。

博物馆展示空间的合理分割对于参观者的信息获得非常重要

位于博物馆一层的馆藏固定展

墙面上密密麻麻标注的是曾经在这里生活过的孩子的名字，玻璃柜里陈列着两本珍贵的档案。左边这本是 1741 年至 1757 年孩子们的基本信息一览表。每一个孩子被送到育婴堂医院后都会有个新名字。翻开这页的第一个孩子，序号 37，叫托马斯·科拉姆，很不幸，他来这没有几年就去世了；38 号，也就是这页的第二个孩子，后来变得非常富有，甚至开着自己的豪车访问育婴堂医院。

玻璃柜右边的这本册子是育婴堂医院 1751 年至 1759 年的工作日志，里面清楚记录着每一个孩子被送到育婴堂医院时穿的衣服、所有随身物品以及任何可供日后识别的标记和身份证明等原始信息。

这是博物馆的展示资料中一个母亲为她的孩子写的一首诗，从中我们能够感受到一个母亲放弃孩子时内心的挣扎与痛苦：

我在压力中感受到了深深的艰难
不知道该从哪里寻找帮助
顺其自然应该是神的指示
是否女人在困境中应如男人般坚强
不管他，我不能
为了保持心目中的这个形象
让我用卑鄙的手段谋杀，我心难为
死亡注定成为我的宿命
如果我能得到命运的青睐
让我在更好的情况下生活
我定会再次找到我的孩子
并培养他成为最好的人

三位白发苍苍的老人坐在图片资料展柜前，神情哀伤

育婴堂医院是伦敦最早收留遗弃儿的收容所，也是英国第一个儿童慈善机构，曾接纳超过 27 000 名由于各种原因被遗弃的孩子。育婴堂医院有三个创建者：托马斯（Thomas Coram）、艺术家威廉·奥加尔特（William Hogarth）和作曲家乔治·弗里德里克·汉德尔（George Frideric Handel）。育婴堂博物馆专门辟出一面墙展示他们的生平故事。威廉·奥加尔特，鼓励艺术家捐献他们的作品，并多方筹集资金维持育婴堂医院的运营，现在的育婴堂博物馆陈列着许多艺术家的作品，这里也是英国 18 世纪至关重要的艺术品、室内装饰品和音乐作品的收藏地。

育婴堂医院三位创建人的生平与事迹介绍，希望后人永远记住他们的善举

育婴堂博物馆拥有两类主要的藏品，一类是育婴堂医院原有的收藏，包括从 1793 年建立到 1954 年关闭期间和育婴堂医院历史有关的重要画作、雕塑、手稿、家具、钟表和历史性文件，这些最早的艺术品绝大多数都是艺术家本人捐赠的；另一类是育婴堂博物馆的负责人杰拉尔德先生（Gerald Coke Handel）的个人收藏。主要是关于育婴堂医院创始人之一——作曲家乔治·弗里德里克·汉德尔的工作和生活资料，包括 18 世纪至 20 世纪的手稿、书籍、乐谱、硬币、奖牌和艺术作品等。

古朴厚重的实木楼梯

富丽堂皇的楼梯间墙面挂满了珍贵的艺术品

楼梯间也是博物馆的主要展示空间之一

位于博物馆二楼的125平方米的画廊是按照19世纪30年代的画廊原貌重新装饰布置的

在奥加尔特主持育婴堂医院期间，富有的英国赞助商经常委托欧洲上流社会的艺术家为育婴堂医院创作，并将画作捐赠给医院。这种行为逐渐成为一种风尚。艺术、音乐和弱势儿童使得富人成群前往育婴堂医院，以此来彰显他们的文雅与慈善。他们的出席也大大激发了艺术家之间的竞争以及保护育婴堂医院慈善捐赠物品机制的建立。

画廊细节

位于博物馆二楼的75平方米的法庭

房间一角的儿童读物

这间法庭建立于 1745 年，是当初育婴堂医院所有房间中最豪华的一间。原建筑 1926 年被拆除，1937 年在布伦瑞克广场旧址进行了重建。

这个大厅体现了 18 世纪最出色的洛可可装饰风格，大气与华丽共存。

华丽的石膏天花板由著名设计师 William Wilton 设计，大理石装饰由 John Michael Rysbrack 设计。当时这间大厅常作为政界人士的会议室，这种功能延续至今。

育婴堂博物馆保存着医院经手过的 25 000 个孩子的完整档案信息。育婴堂博物馆是那些之前在这里生活的弃儿的家人寻找他们家族成员资料信息的起点。由于场地所限，育婴堂医院的另外一些重要文件、档案被伦敦大都会档案馆代为保存，档案堆积起来可装满 800 英尺高的柜子，估计有 8 吨重。这些档案资料涵盖了孩子们在医院的生活、学习以及活动内容，包括一般记录、申请书、洗礼注册、检查书、医疗手册和学徒注册证明等信息。

育婴堂医院在其运营的160余年里为所有在那里生活过的孩子做了详细的档案记录，这些档案大多已经向公众公开。但是根据英国的数据保护行动，很多信息将被保密110年方能解密。但是对于那些要查询育婴堂医院的孩子和他们家人这类特殊人群，可以通过法律程序直接跟科勒姆的收养和永久家庭服务机构联系。科勒姆的家庭收养服务内容就包括提供相应的咨询服务给那些想要了解育婴堂医院历史的人。

科勒姆慈善机构介绍区域，具有基本信息查询功能

育婴堂博物馆后院的儿童乐园

THEATRE

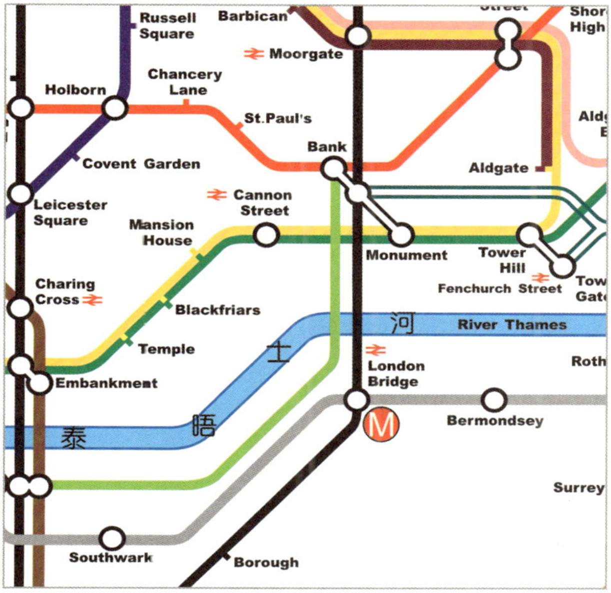

The Old Operating Thearting Museum

老手术室博物馆

被世人遗忘了一个世纪的圣地

地点

9A St Thomas Stree, Southwark, London, SE1 9RY

时间

周一至周日 10:30—17:00

12月15日至次年1月5日闭馆

门票

成人：5.8英镑

儿童（16岁以下）：3.25英镑

家庭套票：13.75英镑（最多2个大人4个孩子，必须是一家人）

团体票：有不同程度的优惠

每周六11—18岁的年轻人免费（费用由MLA提供支持）

交通

乘坐地铁至 London Bridge

乘坐火车至 London Bridge

独特的博物馆外观

伦敦以博物馆数量众多著称，在数百家形形色色的博物馆、画廊、艺术机构和展示空间中，老手术室博物馆以其独特的情景展示设计风格独树一帜。

伦敦老手术室博物馆位于泰晤士河南岸伦敦桥附近古老的圣托马斯教堂的顶层，其全称是“老手术室和草药阁楼博物馆”。博物馆包括三个展示区：草药阁楼展示区、通道展示区和手术室展示区。这三个区域在设计上既相对独立又浑然一体。所谓独立，是指人们参观时仅凭周围的展品就可以清晰地感受到所在空间的核心内容以及展示设计人员力图传达的主题内涵。而三个展区浑然一体，是指参观者完全不需要借助文字指示牌就能够按照人性化的路线设计一步步到达下一个展区。

伦敦的老手术室博物馆是一个原址地博物馆，它凭借独一无二的展览主题和具有历史意义的遗址价值成为伦敦最不同寻常的博物馆之一。这里完好地保存着欧洲最古老的手术室和一个特别的草药阁

老手术室博物馆入口以及类似头骨的博物馆标志

楼。这里曾是圣托马斯医院的旧址，1822 年建成，1865 年关闭。在之后 100 年的时间里，它几乎完全被人遗忘，直到 1956 年，一个叫雷蒙德・罗素的研究者偶然从医院的档案中发现了有关这个教堂阁楼的记录，才使得这个欧洲最古老的手术室重见天日。

参观这儿的草药阁楼也给人们提供了一次探索古老教堂最高处——木结构框架神秘空间的不可多得的机会。

右图就是博物馆的入口，所有的装饰仅仅是在古老的门框和砖墙上涂刷白色乳胶漆，推开这扇白色的木门，瞬间进入另一个世界。

楼梯右侧的这扇门通向钟楼的地下室，门上贴着几张告示。可不要小看这几张普普通通的纸片，上面的信息极其实用，售票地点、票价、付款方式、参观路径、注意事项等一应俱全。

一条粗粗的麻绳从教堂钟楼的顶部悬垂而下，它是木质螺旋楼梯的一个重要组成部分，功能性极强，起着楼梯把手的作用。试想一下，在一个只能容得一人上下、台阶窄得连脚都放不下的陡峭楼梯上，有这么一个可以扶、可以拽的把手，势必会大大增加上下楼梯的安全性。从这里沿着吱吱作响的木制螺旋形楼梯盘旋而上，首先到达的是博物馆的售票处，那里也是博物馆的商店。

攀上 32 级台阶，前面的路被拦住，牌子上写着“禁止进入”。此时左手边有一扇半米宽的棕黄色木门，如果不推开门是无路可走的，当然要想站到门口必须推开门，因为门外的踏步连一只脚的长度都不到，不推开门根本站不到门口。在推开门的同时就得把脚迈进屋里，因为门前没有任何空间容身。同样，从屋里出来时，一推门脚就得踏在楼梯台阶上了。

吱吱作响的木质螺旋楼梯和粗麻绳把手

商店的圆形窗户对应的是博物馆外面可见的窗户，明亮的光线从这里照射进来

墙上悬挂着故意反向设计的钟表，似乎另有一番寓意

进得门来，是一个五六平方米的相对宽敞的空间，满眼都是书籍、卡片、纪念品、小玩意……这就是博物馆的商店兼售票处，同时也是进入楼上展区的唯一通道。买了票，顺着堆满商品的货柜后面狭窄的木制楼梯就可以上楼了。

一路前行，脚下的木板好像一座独木桥，眼前突然出现了一个童话世界——一个由纵横交错的实木框架构成的梦幻空间。只是旁边的复印机、热水器把参观者拉回到现实。

这里就是草药阁楼，空气中弥漫着浓重的草药味，满眼都是密密麻麻摆放着的珍贵藏品。

阁楼是实木结构，高度也远比一般建筑物的顶层要高得多，由此形成了一个非常好的空气缓冲区，有利于保持空气的干湿平衡，这对于长久存放中药材是非常有利的。

虽然空间很有限，但是对于一个博物馆来说，信息台是必不可少的功能区。信息台有意见簿、联系卡和方便参观者记录信息用的木质文件板，另外还准备了纸张、铅笔、圆珠笔、橡皮、方便胶、胶带、美工刀等必要的文具。

像英国所有的博物馆一样，信息台的桌上除了自己的介绍资料以外，还会摆放很多别的博物馆的宣传折页。只是由于条件所限，较之别的博物馆宽阔的信息台，这里资料的数量和种类都大大缩减了，近乎简陋的信息台却带给参观者一种朴素温暖的感觉。

安装在木桩上的开关
也是那个时代的用品

博物馆的信息台简朴而实用

这是一个令人感动的小博物馆，空间的狭小丝毫不会影响参观者的兴致，大量繁杂琐碎的藏品被设计师巧妙地布置于展示空间的各个角落，使这些古老的器物散发出独特的魅力。相信每一个到此参观的人都会流连于丰富的藏品之间，徜徉在布展人员精心营造的信息宝库中。

老式的金属手术台

为了适应不同展品的需要，博物馆量身定做了大大小小、不同形制规格的木质陈列柜、玻璃陈列柜、展台、镜框等。看似不经意摆放的量杯、药勺，木桩上的老式全铜开关等让你恍若置身于一个真实空间，这些随处可见的细节设计令参观者倍感布展设计人员的良苦用心。

这里是配药区

策展人员没有把这些草药整整齐齐地放进展柜，而是采用最富艺术性的手法把它们作为装饰品来使用，布置展场，营造气氛。

这个阁楼并不像一般堆放杂物的阁楼和地下室那样潮湿且鼠患横行。原因就是这个阁楼处于具有独特建筑形式和建筑材料的教堂最高层，高大的实木结构不仅形成了一个巨大的空间，而且能有效地平衡空气的湿度。当空气湿度比较大时，这些实木可以很好地吸收多余的湿气；而当空气过于干燥时，又能释放出这些湿气，以保证阁楼内的湿度平衡。因此这里是一个非常理想的药材存放地。

草药阁楼的展示空间

看似随意的草药与器具展示方式

用蜡像重现护理场景

从这张老照片，我们可以看到这个阁楼当年被改造为病房的场景

1822 年，圣托马斯医院的管理者建造手术室的同时，也对原来用于存放草药的阁楼进行了一些必要的改造，以适应其功能的改变。将阁楼改造成一个术后病人的康复区和药品前期准备及调试混合区。

地上的竹筐相当于现在的垃圾桶；玻璃柜里陈列着当年使用的各种医疗器具

这是一个复原的药品准备及混合区

专门制作的展示柜里摆放着古老的外科手术器械

保存至今的人体器官标本

在草药阁楼和老手术室之间是一个狭小的通道展示区。通道的一侧摆放着几个展柜，里面陈列的是与外科手术有关的物品，包括各种器械、清洁设备、药水、专用的手术消毒皂以及石炭酸喷雾器等。参观者行至此仿佛被一步步领进手术室，内心不可遏制的紧张与作为参观者渴望尽早到达博物馆核心区域的期盼交织在一起。

每个展品旁都摆放着制作朴素但却有着翔实说明文字的字牌，这些看似简单廉价的字牌与周边的展示环境非常协调。藏品的说明介绍是展示设计中一个非常重要的内容，对于大多数非专业参观者来说，配合展品阅读字牌是最便捷的信息获得途径。

1822 年之前，给女性患者做手术不能在正规的医院，只能在毗邻医院的妇女会的病房里进行。圣托马斯医院的管理者对这种限制非常生气，因此计划把圣马斯教堂顶部草药阁楼的一部分空间进行改造，再建一个手术室。

这就是欧洲最古老的手术室和当年外科医生穿的手术服

这是一个非常特别的手术室，透过木质教堂屋顶投射进来的亮度适中的天光，为这个改造后的空间提供了外科手术所必需的良好照明条件。同时这里也是一个极为专业、能够提供便利教学空间的手术室。

从当年的手术照片和漫画作品中我们可以看到这个手术室作为教学空间的场景。

18 世纪，盖氏和圣托马斯医院就已经是非常重要且享有盛誉的教学型医院。这种像剧场一样的手术室给实习外科医生提供了很好的学习条件，当导师做手术时，他们可以现场观摹和学习。

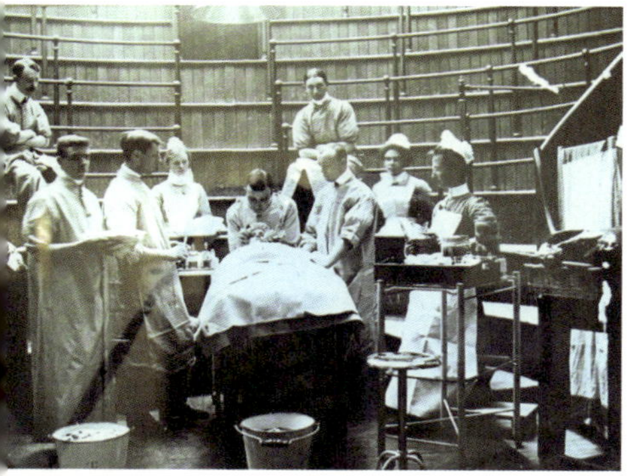

手术照片与漫画对照图

手术室良好的照明条件和合理的空间布局

今昔对比，左图是现场照片，右图是当年的资料照片

除了大规模采用场景复原的布展方式，博物馆设计人员还采用了另外一种更具视觉冲击力的辅助展示手段。墙面上悬挂着珍贵的馆藏资料——手术照片和再现手术场景的美术作品，这些图片迅速把参观者拉回到一百多年前也即 19 世纪早期，没有麻醉剂和消毒药时的手术现场，艺术作品逼真再现了病人怎样被痛苦地固定在手术台上接受手术。这种实物与图片相结合的展示方式大大强化了信息的传递效果。

受当时整体医疗条件和科技水平的限制，手术中的感染、疼痛和失血问题非常突出，这些都大大阻碍了外科手术的实施。因此，通过手术治疗病症通常是病人万不得已的选择。尽管如此，19 世纪早期的医生还是能够成功实施诸如截肢、清除膀胱结石、头骨穿孔等较高难度的外科手术。

1846 年乙醚作为麻醉剂被引入苏格兰，一年之后，氯仿作为另外一种麻醉剂被英格兰医生采用。但是在这以前，施行外科手术并没有可靠有效的麻醉方式。病人要想减轻痛苦，只能依赖医生娴熟的技术缩短手术时间和术前充分的精神准备。这个老手术室在 1865 年约瑟夫·里斯特将杀菌过程介绍到英国之前就已经关闭了。

1862 年圣托马斯医院的管理者听从著名护理专家南丁格尔的建议，决定把医院搬到了目前的地址——朗伯斯区，把医院的土地卖给铁路公司用于修建伦敦桥火车站。也就是在那个时候，这个手术室也被彻底关闭。

在现代博物馆展示设计系统中，情感因素体现在每一个角落。它像催化剂一样激活系统内各部分的能量，也使系统间各环节的组织配合更加完善，从而达到信息的高效传递。伦敦老手术室博物馆的展示设计佐证了这一设计理念。

221B
THE SHERLOCK HOLMES
SOUVENIRS BOOKS ANTIQUES
Open

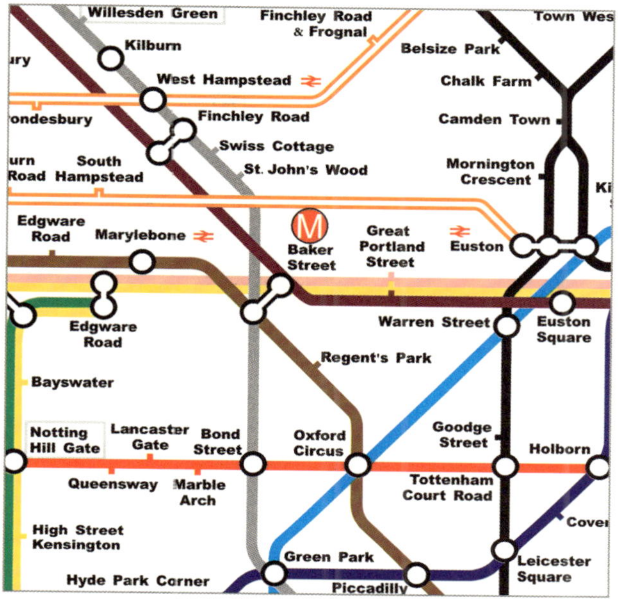

The Sherlock Holmes Museum

福尔摩斯博物馆

一个虚幻人物的真实故事

地址

221b Baker Street, London, NW1 6XE

时间

周一至周日 9:30—18:00

12 月 25 日闭馆

门票

成人：6英镑

儿童（16岁以下）：4英镑

团体票：9折

交通

乘坐地铁至 Baker Street

夏洛克·福尔摩斯（Sherlock Holmes）是一个虚构的小说人物，是由 19 世纪末英国侦探小说之父阿瑟·柯南·道尔塑造的一个才华横溢的侦探形象，现在已成为世界通用的大侦探代名词。贝克街（Bake Street）本是伦敦一条非常普通的街道，却因为是夏洛克·福尔摩斯的“故居”所在地而声名鹊起。实事求是地讲，一个文学作品中的虚构人物本不该有“故居”的。但是福尔摩斯的影响太大了，连英国皇室都一改异常苛刻的授爵条件，破天荒给大侦探福尔摩斯授以爵士爵位。那么设立一个故居又有何不可呢。

《福尔摩斯探案全集》是一部开辟了侦探小说时代的不朽之作，一百多年来被译成 57 种文字风靡全世界。这个侦探形象对英国社会有着极其重要的意义，同时这部作品对整个世界也有着极其深远的影响。

贝克街地铁站的特制墙面瓷片

连贝克街的地铁站里都充满着这个大侦探的身影，整个地铁站的墙面上密密麻麻贴满了特制的瓷片，上面印制着红色、黑色、白色和咖啡色的福尔摩斯剪影，甚至还有这位大侦探代言的巨幅广告。看来，福尔摩斯在英国人心目中着实是一个实实在在永不过时的大明星。

一出地铁站迎面就是两块指示牌，这种指示牌在伦敦所有的地铁口都会有，虽然形制不同，但功能是一样的，上面通常会标出本区域最重要的场所和机构。我们可以清楚地看到这两块指示牌均在显要位置标出了杜莎夫人蜡像馆、伦敦动物园和福尔摩斯博物馆。

书中的福尔摩斯自称是一名“咨询侦探”，也就是说其他私人或官方侦探遇到困难时常常向他求教。他身材瘦削、鹰鼻薄唇，经常拿着烟斗与手杖，头脑冷静、观察力敏锐，推理能力无人能及。福尔摩斯平常都悠闲地住在伦敦贝克街211号B室，抽着烟斗等待委托人上门。一旦接到案子，他马上会变成一匹追逐猎物的狼，锁定目标，将整个事件抽丝剥茧、层层过滤，直到真相大白。他的好朋友华生医生虽然有点“反应迟钝”，但也正因为如此，才衬托出福尔摩斯的足智多谋。

这就是福尔摩斯博物馆，贝克街上一幢建于1815年的维多利亚时代的普通四层公寓。它的真实门牌号并不是221B，但由于被设定为221B、福尔摩斯的故居，而得到了许多殊荣。如今它已被英国政府列入建筑和文化遗产保护名录。左侧的圆形拱门就是博物馆的入口，门口有专人扮成维多利亚时代的警察欢迎访客。右侧带有绿色横匾的房子是博物馆的商店也是售票处，店员也做维多利亚时代的女仆打扮。

根据小说的描述，福尔摩斯1881年至1904年租住在贝克大街221号B座。今天的福尔摩斯博物馆是完全按照阿瑟·柯南·道尔爵士在小说中描述的样子布置的，是小说场景的真实再现。

福尔摩斯博物馆1990年3月27日正式对公众开放，每年都吸引数以万计来自世界各地的游客和福尔摩斯迷前来参观、瞻仰。

这是福尔摩斯博物馆。来到贝克街，仿佛进入了这位大侦探的领地，时时处处能感受得到他的存在

无论是叼着烟斗、戴着那顶福尔摩斯“专利帽”的大侦探形象，还是“221B”这个蜚声海内外的门牌号都是非常经典的信息

进门处右侧的墙上固定着一个钥匙盒，里面放着福尔摩斯家的钥匙

博物馆的建筑是典型的维多利亚时代的民居风格，楼梯狭窄，只能容得下一人通过。这种空间布局似乎很不适合做博物馆，但正因为这样才给人以真实感觉，像是真的来到了一个名人的故居。

跟普通的英国民居格局一样，这套四层的房子每层都有两个房间，一个临着贝克大街，另一个冲着房后的花园。这间著名的书房位于公寓的第二层（英国人称之为第一层），书房的对面是福尔摩斯的卧室。作为故事主场景的书房，被布置得跟电影和小说中描绘得完全一样，壁炉前的沙发和茶几上放着福尔摩斯著名的行头：帽子和烟斗。参观者可以随意带上这些道具坐在沙发上，摆出自认为福尔摩斯式的姿势拍照留念。透过落地长窗，你看到的是多年来未曾改变、保持着维多利亚时代风格的街景和建筑。

福尔摩斯的书房，也是福尔摩斯博物馆的主展区

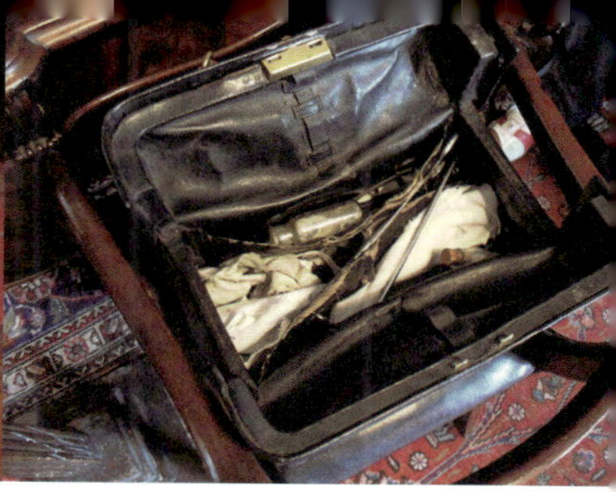

房间里的家具及大侦探使用的各项物品被放在原位。墙上挂的、桌上摆的、皮包里装的、工具盒里放的，甚至留言签上插的便签纸都像是前一刻还在使用一样。这些物品都是名副其实的古董，猎鹿帽、放大镜、葫芦笛、各种化学仪器、小提琴、拖鞋、笔记本，甚至还有伪装服，一切都是实实在在的，使参观者恍若置身于一个真实的家、福尔摩斯的家。

客厅对面、面向花园的房间就是福尔摩斯的卧室

墙上的信札架也是货真价实的老古董，甚至里面的报纸也是真品无疑

楼梯的拐角处摆放着很常见的家居生活用品，营造了一种非常真实的生活环境

三楼面对大街的主卧室是哈德逊太太的房间。哈德逊太太是这个四层公寓的房东，同时也承担着为房客做饭、打扫卫生的工作。

这位大侦探的怪异生活总是让房东太太非常生气。他不修边幅，不整理房间；深更半夜乱拉小提琴；还经常在房间里练枪法，把墙壁破坏得一塌糊涂；他还做那些散发出恶臭的化学实验。哈德逊太太曾经非常恼火地对他说：“哦！福尔摩斯先生！你真是伦敦城里最糟糕的房客！”

哈德逊太太的房间

三楼哈德逊太太的房间也是博物馆的主展厅之一，房间里除了家居用品以外，还设置了专门的展柜用以展示大量的特殊展品，这些物品都跟福尔摩斯所侦破的那些著名的案件有关，如他常用的办案工具、猎鹿帽、卷尺、带有血手印的墙皮、藏匿于书里的手枪等。

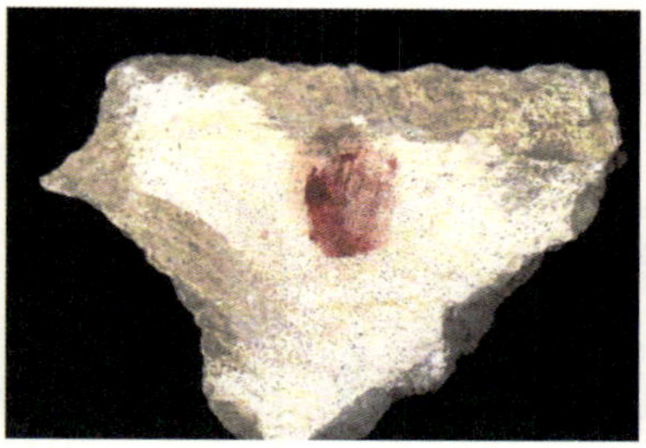

这些都是哈德逊太太房间里摆放的用品，每一件都很值得细细品味。鞋帽架、花瓷罐、木制的收纳箱、精美的藤编杂物盒、Star 吸尘器，甚至连地上摆放的鞋子、架子上的女帽，无论品牌还是款式都具有时代感，件件都是真品。

三层背对大街的房间，也就是福尔摩斯卧室的楼上是华生医生的卧室，推开窗往外看是房后的小花园

华生医生的房间陈设普通而真实，生活用品的摆放随意自然，就像是一直有人在这里生活一样。

床头柜上放着书籍和血压计。这些书也都是博物馆的藏品，仔细看竟然都是关于医学方面的书籍，可见布展人员对于细节的重视。血压计是一个医生必不可少的工具，装血压计的盒子盖子是开着的，仿佛刚刚用过。

EWBANK 吸尘器

这是华生医生卧室的时髦马桶，这件展品侧面体现出作为一个医生的社会地位与优良的生活状态

楼梯拐角处的吸尘器也是维多利亚时代的产品，从特写图片上我们可以清楚的看到它的品牌——EWBANK，这可是当时家喻户晓的名牌产品。EWBANK 是一家有着 126 年地毯清扫器生产历史的英国老字号公司。多年来，它一直是最受英国家庭欢迎的家用吸尘器品牌。

四楼的两个房间被设计成小说场景再现。一组组栩栩如生的蜡像表现的是故事中那些经典的令人记忆深刻的片段，有些场面确实令人毛骨悚然。

顶层也就是阁楼，有两个空间。背街一侧是卫生间，朝向贝克大街一侧是个小阁楼，也就是杂物堆放室，通常都是放些不常使用的箱子和行李。

卫生间简易台架上放的洗漱用品是那个时代的代表品牌，也都是古董了。卫生间的陈设一如整个博物馆的展示风格，真实自然，情景再造手法在福尔摩斯博物馆得到了最佳诠释。

带有宽敞明亮天窗的博物馆商店也是参观者的好去处，它由两个大套间组成。这里是全球最大的福尔摩斯收藏品中心，汇聚了上千种各式各样的纪念品。身穿维多利亚时代女仆服装的店员，据说就是转换身份后的哈德逊太太。

收银台也是售票处

大侦探的标志性符号——帽子，永远是年轻人的最爱

参观之前要先进商店买票，再到隔壁的博物馆入口处排队。因为博物馆空间狭小，为了保证参观质量，对进馆参观的人数实行定员控制。不过也不用太过担心，非重大节假日时，通常排个十几分钟就能进去了。

《福尔摩斯探案全集》里描述了有关这座房子的所有细节，展示方据此努力还原这位大侦探的生活。每一个来到这儿的参观者都能够尽情地按照自己的理解，去找寻遥远记忆中关于福尔摩斯的生活景象，抽象的文字描述在这里变成了现实。

SCALA
STREET W1
POLLOCK'S TOY MUSEUM
POLLOCK'S TOY MUSEU
ENTRANCE

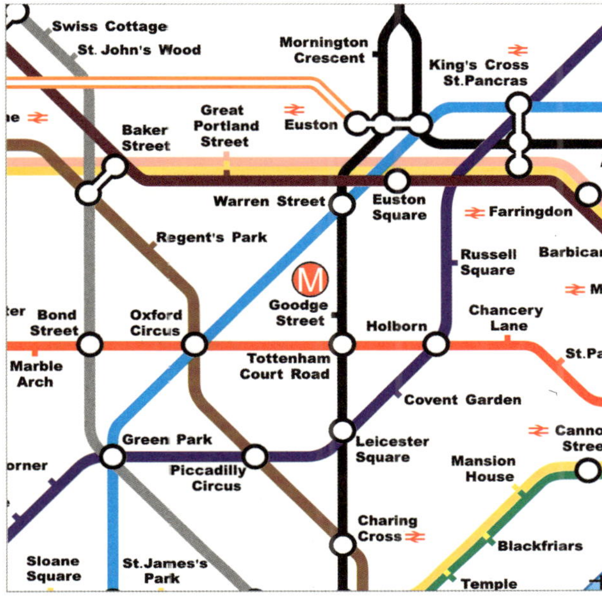

Pollock's Toy Museum

波洛克玩具博物馆

在玩具和游戏的世界里对话

地址

25 Scala Street, London , W1T 2HL

时间

周一至周六 10:00—17:00，最后入场时间为16：30

银行假期闭馆

门票

免费

交通

乘坐地铁至 Goodge Street、Warren Street、Euston Square、Tottenham Court Road

乘坐火车至 Kings Cross、 Euston、 St. Pancras

位于 Scala Street 与 Whitfield Street 丁字路口的波洛克玩具博物馆，红绿相间的大门和橱窗非常醒目，这座由两幢建筑组成的博物馆严格说来并不是通常意义上的博物馆，也不是玩具商店，而是一家信托机构。

波洛克玩具博物馆原本在 Monmouth Street 考文特花园附近，1969 年搬至现址。

这里就是博物馆的售票处、接待区、信息台和展示区右边的门通向博物馆

售票台周围的墙面上挂满了藏品

组成博物馆的这两座典型英国风格的建筑物处在街角，一座是 18 世纪的，一座是 19 世纪的，内部通过狭窄蜿蜒的楼梯和通道层层相连。英国的老式建筑通常都具有这样的结构特点：房间小而密集，楼梯狭窄。

这是一个令每位初来乍到的人一进门就深深震撼、倍感惊奇的地方。

售票处接待区的左手有一扇门通往博物馆的商店，里面别有洞天

狭窄的楼梯仅容得下一人上下，墙面布满了各种大大小小的木盒，里面满满的都是收藏品，整个博物馆处处皆藏品，任何一处墙面一个角落都被充分利用起来。

一层楼梯两侧墙面的棋盘玩具和木偶

从展品摆放的密集程度来看，恐怕没有任何一家博物馆能跟波洛克玩具博物馆争第一，相信这也是单位面积藏品数量最大的博物馆了。但恰恰就是这种看起来让人难以接受的展示方式，令每一位参观者流连忘返，丝毫没有因为空间的局促影响到参观的心情，反倒是平添了几分惬意与神秘。两座三四层楼的小楼，我竟然在里面逛了4个小时，感觉仅仅是走马观花地看了一下，意犹未尽。

众多小玩具熙熙攘攘摆在一起，既热闹又丰富多彩，令参观者眼花缭乱

二层楼梯墙面的印度、斯里兰卡玩具展示区

小兵人和泰迪熊的收藏展示房间

来自世界各地不同年代的玩具都能在这里觅到踪迹，但凡能想到的玩具几乎都能在这里见到：泰迪熊、中国娃娃、棋类游戏、光学玩具、民间玩具、幼儿园家具、机械玩具和娃娃的房子应有尽有。

玩具熊出现一个多世纪之后，1903 年，泰迪熊才问世。1902 年 11 月，一个具有政治色彩的动画片出现在华盛顿邮政展，内容是西奥多·罗斯福（Throdore Roosevelt）总统在一次打猎探险中拒绝向熊宝宝开枪。动画片在当时很流行，以至于出版商很快开始出版相应的故事书。全书中，这只熊始终追随着总统，无论他去哪，身边总有熊的影子。

Morris michom 是一个纽约创意小店的店主，他根据熊宝宝的图片剪出了一个豪华的玩具熊，在经过总统的默许后，这个熊就叫泰迪（Teddy，罗斯福的昵称）。1907 年，3 000 个玩具泰迪熊被一个德国玩具工厂预订。随后泰迪熊迅速蹿红欧洲，在英格兰，Richie 还构造了与泰迪熊配套的系列野餐玩具。

最初的玩具熊都是驼型的，有巨型的后腿，就像一只真熊。但是这样的形状很快就随着泰迪熊的问世被淘汰了。人形化的外形更方便为玩具熊打扮，这个英国制造的玩具熊很快得到了一身的行头。可以说泰迪熊的直立形象是对之前熊玩具外形的革命性创新。

在英国，第一批玩具熊主要来自德国出口，但是随

小兵人

现存的已知最古老的泰迪熊是1905年出产的ERIC泰迪熊

1906年德国出产的泰迪熊

1940年的泰迪熊

着第一次世界大战的爆发，英国人开始制造泰迪熊和其他软体玩具。一开始泰迪熊的填充物是木屑或者木丝，直到 20 世纪 20 年代初才开始使用木棉屑填充。

1916 年至 1920 年，至少有 20 家英国公司制作玩具熊。他们为一个带着手套的熊打广告，史密斯制作了泰迪熊，随后熊玩具通过 booh 熊的故事得到了推广，然后是 paddington 熊的故事和穿着帆布海军衣和威灵顿军靴的角色熊。

泰迪熊的生日与少年儿童对角色软体玩具喜爱的发展保持一致，并且提供了一个男孩可接受的玩偶，它出现在几乎每一个家庭就是它成功的有力证据。它几乎总是那种能保持童年回忆的玩具，占居在深情喜爱它的那一代人的心里。

出了泰迪熊的展示房间，是一个连接两座建筑的狭窄通道，这是利用原有建筑的顶层阁楼改造的，因此通道的高度有限，正常身高的人都需弯腰才能通过。但即便这样一个看似毫无展览条件的狭窄通道也成为重要的展示区，角落处的玻璃盒里就是一件颇具代表性的展品：着军装的角色泰迪熊。

在成人看来玩具的玩法极其无聊，似乎与孩子好动活泼的行为方式完全不同，但是孩子们却能极其专注于一件玩具，这似乎就是玩具的神奇之处。

通道展区的泰迪熊

在小兵人和泰迪熊的展区隔壁是娃娃房子的收藏展示区

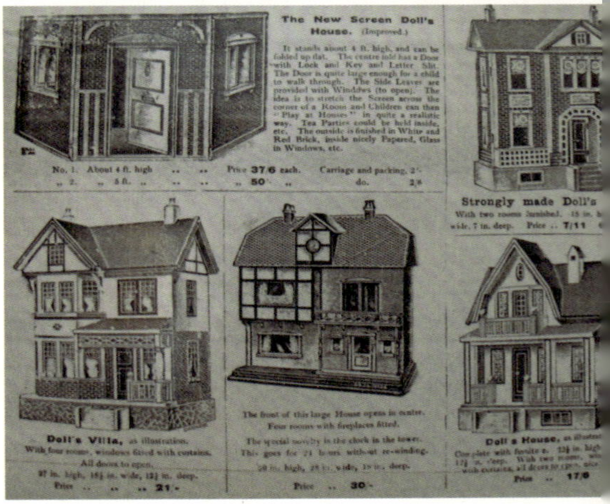

“娃娃房子”的展示文字材料

大部分展出的娃娃房子都是维多利亚时代的，它们带着原始的装备和墙纸，是对生活方式以及时尚的微缩记录。逼真的娃娃房间里面塞满了装饰品，墙上挂满了画，窗户装饰着窗帘，娃娃满身盛装。

从大型精致的娃娃房子中人们可以详细了解真实的历史信息，大型的维多利亚风格的房子都是通风的，并且需要大量的劳动力去维护和清扫。因为雇佣仆人很便宜，所以向卧室输送热水以及向书房和餐厅输送木炭的问题都被轻易解决了。这比集中供热和铺设热水管道要节省得多。厨房备有充足的陶器设备和实物，点火和加热方式都和现在有很大不同，这让观察它们变得很有趣。带有装饰的吊灯和油灯挂在天花板上，还配备了可供移动到每一个屋子里的烛台和油灯台。所有的屋子都由木炭供热，坐落在客厅的大壁炉可以提供家人和客人休息时取暖，而卧室往往只有一个在晚上和清早才使用的小型壁炉。固定着锅的火炉坐落在厨房里，它们也使用木头的或者炭火。大多数房子都靠一个热水泵提供清洗。

娃娃房子的家具产自不同的地方，大部分由木头或者金属制成，产自德国，但是有一些也用象牙、骨头、彩绘纸板、鱼骨头、苹果核、七叶树果实和一些可想象到的材料制成的。

各种类型的纸质棋牌、娃娃、玩偶的房子和来自世界各地的古老玩具充斥着这个小小的博物馆，一转身、一抬头，所见之处全是玩具，满眼的花花绿绿，令人目不暇接。

传统的俄国玩具收藏

最经典的套娃形象——Matreosechkas的历史与一个来自Talshkino eirele的著名设计师Malyntia有关。他的设计在1890年促使第一批手绘的、可以旋转的木制玩偶面世

这些泥塑玩具产自俄罗斯中部地区的Dymkovo村，它们的原型来自5月23日太阳神节上使用的古代汽笛，由太阳标志的圆圈和戒指装饰着，三头马拉着神的战车对灶台进行保护

1913年的平板手绘玩具

光学、机械和建筑玩具展室

波洛克玩具博物馆是一个关于玩具的信托机构的储存空间，契约的约束使得信托的收藏一直保持在这里。长期以来波洛克玩具博物馆的管理者一直努力寻找一个更合适的地方为更多的社会捐赠准备一个更好的储藏空间，并期望最终建立一个永久性的玩具展厅。

波洛克玩具博物馆的所有地方都散发出历史的气氛和儿童这个特殊群体的想象力，每一个角落都充满了视觉的愉悦，不管你注视哪个方向，都会有新的发现、新的惊喜。

楼梯间的中国
玩具藏品

楼梯间的中国玩具藏品

波洛克玩具博物馆虽然空间极其宝贵，但仅娃娃的藏品就占据了两个大房间，这还不包括楼道、楼梯以及其他展示区域世界其他地区、其他民族的娃娃收藏品。这些娃娃是按照平民玩具娃娃与奢华观赏的高档宫廷娃娃分类的。

观赏玩具通常会带来更多愉快和有趣的回忆，那些值得我们珍藏的记忆和这些能体现想象力的玩具相互呼应。

门内是一个娃娃的世界

图片中左边的封闭玻璃柜其实是一个房间，里面是一个娃娃的世界，里面摆满了娃娃大家族的兄弟姐妹

1995 年第一部全片均由电脑三维动画技术制成的迪士尼电影《玩具总动员》就是关于玩具世界的故事的。从其全球票房收入达到 3.61 亿美元这个数字能看出玩具这个主题的巨大吸引力。这部电影的情节围绕一个贪婪的日本收藏家试图集齐 20 世纪 50 年代的牛仔玩具展开。故事主线清晰阐述了玩具不仅仅是单一的个体，而是成套成系列的，同时也表明玩具收藏的至高目标是成套系的完整收藏。老玩具深受收藏家喜爱，有些甚至非常值钱，这是不争的事实。

孩子们对玩具有罕见的痴迷，成年人则不然。通常情况下，媒体开始关注“玩具”这个话题大多伴随一些特别的事情发生，比如玩具工业或者玩具产量变化之类的新闻。

娃娃的生活用品也是玩具的一个重要组成部分

蜡制玩偶制作过程

高档玩偶的服装也非常考究，贝母纽扣是常用的饰物

维多利亚时代，很多著名的伦敦玩具制造商从事奢华的蜡质玩偶制作。制作工艺大致如下：先将头、胳膊和腿分别在不同的液体蜡模型里制作；然后用线通过圆孔附在身体上；玻璃眼是嵌入的，随肤色着色；头发镶嵌在玩偶头上不同的发丛中，眉毛和睫毛也采用相同的制作方法。

德国蜡质玩偶很漂亮，但它采用的是另一种方法制作。玩偶的头是由纸糊面具浸泡在蜡液里，从而得到一个更真实的表面。一些德国玩偶的头发镶嵌在缺口部分，这点与其他模型不同。

19世纪早期，玩具剧院十分流行，它包括各种不同类型、做工精细的纸张或木制剧院。孩子们非常热衷于在家里和父母一起完成作品，这些剧院模型通常是用纸张做成的

这里展示的是形式各异的玩具剧院和玩具戏剧工作坊

博物馆商店

波洛克玩具博物馆是一家信托机构，不以营利为目的，因此所有的售卖所得都用于支持信托的活动。

博物馆商店销售各种玩具、棋牌、书本、文具和相关的圣诞节和其他节日卡片，配套的精美信封，以及上面印满各种引人注目的玩具剧院人物和场景的彩色纸，这些纸可以用作礼物包装、画作的衬里或贺卡。

全世界小朋友都喜欢的玩具——小鸭子

维多利亚时代是英国历史上最强大、最辉煌的时期，就像中国历史上的盛唐时期。毫无疑问，维多利亚时代的英国是名符其实的世界中心，因此英国人非常热衷利用一切机会怀念那段历史。每年波洛克玩具信托的出版机构都会利用自己的收藏优势推出具有维多利亚时代特色的台历，这种产品极大迎合了当下处于经济发展下行趋势的英国人潜意识里重温昔日盛世的热切渴望，因此这种年历很受欢迎，总是在每年的秋季销售季节保持销量第一。

TWININGS
TWININGS
TEA & COFFEE
MERCHANTS
EST. 1706
216
217
CLOSED
TWININGS
ESTABLISHED 1706
TEA & COFFEE MERCHANTS

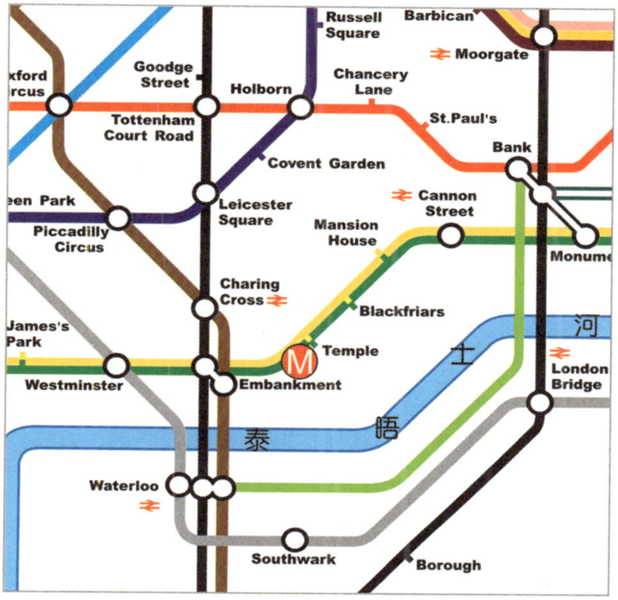

Twinings Museum

川宁红茶博物馆

探寻英国贵族挚爱的茶文化之源头——中国

地址

216 The Strand, London, WC2R 1AP

时间

周一至周五 9:30—16:30

门票

免费

交通

乘坐地铁至Temple

在伦敦市中心的 Strand Street，有一家超过 300 年历史的川宁红茶博物馆。如果不是刻意寻找，恐怕你会不经意地从它门前走过而毫无觉察，因为这个小博物馆从外观看更像一个普通的茶叶店，只有那个与众不同的充满历史感的门头昭示着这家店铺的与众不同。

川宁红茶源于1706年，是英国最古老的茶叶品牌，深受维多利亚女王、乔治五世、爱德华七世以及亚历山大皇太后等王室贵族的欣赏与青睐，至今依然是英国贵族皇室的专宠。

川宁是首个将饮茶习惯带入英国人日常生活的茶叶品牌。最初，创始人托马斯·川宁（Thomas Twinings）以“Thomas”之名在伦敦开设了一家咖啡馆，以销售咖啡为主，同时也供应上等茶饮。这种来自遥远中国的新奇饮品迅速被传遍英国并备受赞誉，逐渐成为上流社交生活的必需品，许多社会名人和皇室贵族都是川宁红茶的狂热爱好者。1837年，川宁红茶被维多利亚女王指定为御用茶，此殊荣一直延续至今日。另外，川宁也是英国第一家被获准出口的茶叶品牌。创始人托马斯·川宁秉承着对茶的热忱与挚爱，开发了数十种茶叶口味，致力为每个人创造独一无二的茶品，这也是川宁公司历代相传的宗旨。川宁作为英国最古老的经典茶品牌之一，300年的优秀血统更让其在崇尚优雅生活品质的今天焕发出时尚的魅力。

从外观看，川宁红茶博物馆更像是一家精致的茶叶商店。博物馆的经营者也是茶叶店的所有者，他们致力于将传承茶叶历史、促进茶文化传播与茶叶的商业营销完美结合起来。临街的前厅被精心打造成一个品茶区，是一个将展示与销售完美合一、功能齐全的综合空间。步入店堂，各种茶品被分门别类整整齐齐地陈列着，相信每位参观者都能在这里找到自己喜爱的茶品口味。

琳琅满目的商品陈列于货架之上，供消费者随意挑选

博物馆一角

博物馆位于店堂的后部，与其说是博物馆，不如说是一个珍品陈列室。从这个迷你博物馆的众多收藏品中，参观者可以形象地感受到英国 300 年来红茶的发展史。这个面积不足 100 平方米、只有一个敞开空间的红茶博物馆典雅朴素，没有高档华丽的装饰材料，也没有奢华的展柜展台。古董似的展示柜里一字排开的是珍贵的历史文献与众多藏品，从中我们可以感受到茶叶——这个来自中国的神奇饮品在英伦大地的传播与发展。

格雷伯爵（EARL GREY）是英国的一个著名的贵族头衔，此款茶是川宁红茶中历史最为悠久的品牌之一，翻译成中文叫作“伯爵茶”

满满一面墙的镜框里展出的都是珍贵的历史资料，记录了英国茶叶贸易与红茶的发展历史

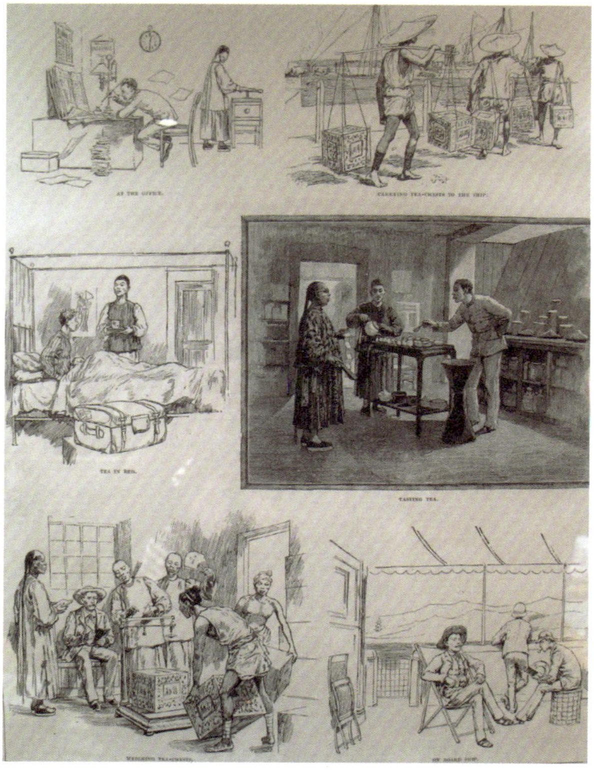

这是一组刊登在1888年第10期《伦敦新闻画报》的6幅漫画，画面内容描绘的是一个英国品茶师（也是茶叶进口商）在中国的工作和生活

在川宁红茶博物馆的一整面墙上挂满了相框，里面是许许多多充满历史感的泛黄纸张，有印刷品剪报，也有一些贸易票据，这些剪报和票据记载了久远的信息见证了茶叶的贸易历史。那斑驳的印记将川宁古老悠远的贸易盛况展现于每一个参观者眼前。

展示柜里陈列的是川宁红茶各个时期的包装，从最初印有托马斯·川宁和丹尼尔·川宁名字的纸袋包装，到 19 世纪 20 年代川宁皇家红木制的古董茶盒，再到 20 世纪 60 年代限量版的陶瓷罐包装，从中不难看出川宁红茶光彩夺目的发展历程。右边的展板介绍的是川宁公司在中国的善举——救助贫困儿童，并号召大家关心和帮助中国的贫困儿童。

TWININGS
TWININGS

TWININGS
OF LONDON
TWININGS
OF LONDON
twining
twining
twining
twining
CELEBRATION
EARL GREY
TWININGS

TWINING'S
PURE
COFFEE
Congress

TWININGS
CEYLON BREAKFAST
TEA
TWININGS
GUNPOWDER
GREEN TEA

TWININGS
JASMINE
TEA
TWININGS

没有茶，水就只是一汪清澈，

因为茶，水不再平淡无奇。

充溢着优雅的英伦红茶在身边弥散开袅袅香气，

香气中流露出的是沉淀了三百年的英国厚重文化与艺术，

这浓浓气息让相隔岁月、

穿越时空的我们和所有的积淀发生了千丝万缕的联系。

现在，从这里开始，

可以忘却时间与空间的限制，

去真正体验一番有着丰富内涵、无与伦比的英伦。

——摘自川宁红茶博物馆官方网站

在英国伦敦，川宁红茶向来是上流社交生活的必需品，18 世纪传奇作家简·奥斯汀就是一个川宁迷！今天，川宁红茶依然是最佳茶品的代表。在英国，饮茶从未过时，包括时尚、艺术、电影和音乐等各界名人在内的所有英国人，都依然热衷于下午茶，川宁红茶一贯是伦敦这个当代文化中心、时尚之都的最爱，并伴随着这个城市的日益壮大而不断发展并扩大其影响。今天，川宁红茶也把这股时尚风潮带到了中国……

非常具有人性化的一个小角落——茶品品尝区

附录　伦敦博物馆分类介绍

人文历史类博物馆

1. 大英博物馆（The British Museum）

位于伦敦中心闹市区 Great Russell 大街北侧的大英博物馆是世界上历史最悠久、规模最宏伟的综合性博物馆，与美国纽约大都会博物馆、法国卢浮宫博物馆并称世界三大博物馆。博物馆收藏了来自世界各地的文物和图书珍品，藏品之丰富、种类之繁多，为全世界博物馆所罕见。目前博物馆拥有藏品 600 多万件，由于空间的限制，大批藏品尚未能公开展出。除了两次世界大战之外，大英博物馆一直都对外开放并逐渐延长开放时间，每年的入馆人数由 5 000 增至 600 万。

电话：020 7323 8299

地址：Great Russell Street, London,WC1B 3DG

票价：免费

最近的车站：Tottenham Court Road、Holborn、Russell　Square

开放时间：周一至周四、周六、周日 10:00 — 17:30　周五 10:00 — 20:30，圣诞节期间（12 月 24—26 日）及 1 月 1 日闭馆

2. 自然历史博物馆 (Natural History Museum)

自然历史博物馆位于伦敦市中心西南部、海德公园旁边的南肯辛顿区，毗邻科学博物馆、维多利亚和阿尔伯特博物馆。博物馆总建筑面积为 4 万多平方米，为欧洲最大的自然历史博物馆，馆内藏有世界各地的大约 7 000 万件标本，其中昆虫标本 2 800 万件。全馆有 20 间大陈列厅，内容包括古生物、矿物、植物、动物、生态和人类等六个方面。该博物馆是世界著名的研究中心，专门从事生物分类、鉴定和保存等工作。同其他由英国政府资助的国家博物馆一样，自然历史博物馆不收取入馆费用。

电话：020 7942 5000

地址：Cromwell Road, London, SW7 5BD

票价：免费

最近的车站：South Kensington

开放时间：周一至周日 10:00—17:50，圣诞节期间（12 月 24—26 日）闭馆

3. 科学博物馆（Science Museum）

科学博物馆位于伦敦南肯辛顿区，是世界上第一个科学博物馆，建筑面积约 4.5 万平方米，展出面积 3 万平方米。博物馆创建于 1857 年，保存并陈列那些对自然科学技术发展产生重大作用、对现代科技研究与探索具有重大意义的实物。科学博物馆大厅里的陈列品从早期的蒸汽引擎到最新的太空科技产品，集中展示了英国作为全球工业革命发源地的科技实力。科学博物馆注重展示来自不同国家的展品，在该馆的医药学展厅里就有不少有关中医药历史的展品，如古代针灸图谱、中国古代药剂店模型等，引起了参观者的浓厚兴趣。

电话：0870 870 4868

地址：Exhibition Road, South Kensington, London , SW7 2DD

票价：免费

最近的车站：South Kensington

开放时间：周一至周日 10:00—17:50，圣诞节期间（12 月 24—26 日）闭馆

4. 伦敦博物馆（Museum of London）

伦敦博物馆由早期的市政厅博物馆和原伦敦博物馆于第二次世界大战后合并而成，1976 年正式开馆，一直作为社会和城市的历史博物馆来经营。伦敦博物馆直至今日仍然是伦敦市最好的博物馆之一，它展示了伦敦古城从史前时期到 20 世纪的社会历史演变过程，展品超过 100 万件。其中 2002 年下半年发现的一块有着 2 000 多年历史的匾额，上面雕刻着拉丁文"Londoniniensium"，是目前已知的能证明伦敦城罗马名称的最早物证。

电话：020 7001 9844

地址：150 London Wall, London , EC2Y 5HN

票价：免费

最近的车站：Tube: St Paul's, Barbican ， Moorgate, Liverpool St.

开放时间：周一至周日 10:00—18:00 ，圣诞节期间（12 月 24—26 日）闭馆

5. 伦敦船坞博物馆（Museum of London Dockland）

伦敦船坞博物馆所在地是伦敦高楼最密集的区域，但仅仅 30 年前这里还是一处经济落后的地方。位于西印度码头 1 号仓库旧址的伦敦船坞博物馆记载了船坞区 2 000 年的历史演进，使人们深刻体会到伦敦船坞区翻天覆地的变化。2010 年 4 月起，伦敦船坞博物馆开始对公众免费开放。

电话：020 7001 9844

地址：No. 1 Warehouse，West India Quay，Hertsmere Road，London，E14 4AL

票价：免费

最近的车站：Canary Wharf，West India Quay

开放时间：周一至周日 10:00—18:00，圣诞节期间（12 月 24—26 日）闭馆

6. 帝国战争博物馆（Imperial War Museum）

帝国战争博物馆位于伦敦滑铁卢区，门前醒目的大炮揭示了该博物馆的主题，但博物馆最精彩的展品不是武器，而是两次世界大战的纪念品。帝国战争博物馆原来的收藏仅局限于军用品，后来逐渐扩大范围，展出内容涵盖现代军事战争历史的诸多方面。博物馆的主展厅陈列着一些传统藏品，包括军用武器、坦克和战斗机。有关两次世界大战的展览品非常多，包括人工制品、艺术品、照片和影音记录，仿真声光电效果模拟了战争当时的紧张气氛，使参观者有身临其境的感觉。

电话：020 7416 5000

地址：Lambeth Road，London，SE1 6HZ

票价：免费

最近的车站：Lambeth North

开放时间：周一至周日 10:00—18:00，圣诞节期间（12 月 24—26 日）闭馆。

7. 国家海事博物馆（National Maritime Museum）

英国国家海事博物馆坐落在景色优美、建筑迷人的格林威治世界海事遗产遗址之上，本初子午线和伦敦唯一的天文台就在这里。海事博物馆里有世界上最重要的英国海上历史收藏，包括海洋艺术、地图绘制、手稿、船舶模型、平面图、航海仪器、计时器等。博物馆里还有世界上最大的海事历史参考图书馆（藏书达 10 万册），其中包括 15 世纪的书籍。

电话：020 8858 4422

地址：Greenwich, London , SE10 9NF

最近的车站：乘 DLR 至 Cutty Sark

乘火车至 Greenwich

乘地铁 Jubilee Line 至 North Greenwich

乘公交车 3、129、177、180、188、199、286 和 386 路可直接到博物馆

开放时间：平日 10:00—17:00 圣诞节期间（12 月 24—26 日）闭馆，12 月 31 日提前闭馆。1 月 1 日 12:00 开放

票价：免费

部分特殊的展览需要收取入场费时，以下人群将享受优惠待遇（须出具相应的身份证明）：

1. 17 岁以下的儿童
2. 全日制学生（年龄不限）
3. 失业人士
4. FIYTO（26 岁以下）、ISIC 和 ISE 青年卡持有者
5. 残疾参观者（免费入馆）
6. 60 岁以上人士

8. 伦敦运河博物馆（London Canal Museum）

博物馆位于伦敦 King's Cross 地段的一个老冰工厂原址上，是伦敦唯一一个内陆水路博物馆，同时

也是英国最好的内陆博物馆之一。它讲述了伦敦运河的发展史：早期它们是伦敦工业与商业生活的重要组成部分，随着时代的变迁，经历了没落期和衰退期。欣赏博物馆旁边运河的同时，参观者还可以参观船舱，了解过去以水路为生的人是如何工作和生活的。

电话：020 7713 0836

地址：12/13 New Wharf Road，King's Cross，London，N1 9RT

票价：成人 4 英镑，儿童、信托成员及博物馆协会的成员 2 英镑，老人、儿童和无业者 3 英镑，家庭联票 10 英镑

最近的车站：King's Cross，St. Pancras

开放时间：周二至周日 10:00—16:30（每月第一个周四 10:00—19：30），12 月 24 日至 27 日闭馆

美术类博物馆

9. 泰特美术馆（Tate Gallery）

1955 年，泰特美术馆从国家美术馆完全独立出来，主要用来收藏亨利·泰特爵士赠送给国家的 19 世纪绘画和雕塑作品，以及一些从英国国家美术馆转移过来的英国绘画，收藏的艺术品以英国本土画家为主。泰特美术馆是由英国政府通过英国文化、媒体和体育事务部资助的国家博物馆之一，目前已发展成 4 个美术馆：位于伦敦的泰特英国美术馆、泰特现代馆以及泰特利物浦美术馆、泰特圣艾弗斯美术馆。

电话：020 7887 8888

地址：Millbank，London，SW1P 4RG

票价：免费，特殊展览需额外收费

最近的车站：Pimlico

开放时间：平日 10:00—18:00，周五 10:00—22:00，圣诞节期间（12 月 24—26 日）闭馆

10. 泰特现代馆（Tate Modern）

1992 年 12 月，泰特信托宣布在伦敦建立一家独立的国际现当代艺术画廊，这就是泰特现代艺术画廊，也叫泰特现代馆，主要展出 20 世纪最杰出的作品。泰特现代馆坐落于泰晤士河南岸伦敦的心脏地段，是在原 Battersea 发电厂的旧址基础上改建而成的，自建成之日起就成为伦敦的艺术地标之一。泰特现代馆对伦敦的城市建设和旅游产生了重大影响，自 2000 年 5 月开业以来，已有超过 4 000 万人到泰特现代馆参观。它不仅是一家博物馆，更是一处旅游景点，每年都吸引大量慕名而来的游客，为伦敦带来了巨大的经济收益。

电话：020 7887 8888

地址：Bankside, London，SE1 9TG

票价：免费，特殊展览需额外收费

最近的车站：Southwark，St Pauls ，Mansion House

开放时间：平日 10:00—18:00，周五、周六 10:00—22:00，圣诞节期间（12 月 24—26 日）闭馆

11. 英国国家画廊（The National Gallery）

英国国家画廊坐落于伦敦著名的特拉法加广场（Trafalgar Square），始建于19世纪初期，1824年投资5.7万英镑购买的38幅作品是博物馆收藏的核心。英国国家画廊的收藏品并不以英国作家的作品为主，而是以西方欧洲的油画作品为主，包括从13世纪至20世纪初西欧各主要画派的代表作。

电话：020 7747 2885

地址：Trafalgar Square, London , WC2N 5DN

票价：免费

最近的车站：Charing Cross，Leicester Square，Embankment

开放时间：周一至周四、周日、周六、周日 10:00—18:00，周五 10:00—21:00，圣诞节期间（12月24—26日）及1月1日闭馆

12. 英国国家肖像画廊（National Portrait Gallery）

英国国家肖画廊馆坐落于伦敦特拉法加广场旁边，毗邻英国国家画廊。始建于1856年的英国国家肖像画廊经过100多年的积累，已拥有10 000件藏品，这些藏品中，大约4 000幅是油画、雕塑作品，其中60%一直以巡回的方式展览。画廊的展厅分为五个部分，除了一个维多利亚肖像展厅外，其余按历史年代划分。博物馆还拥有和肖像相关的22万幅摄影作品，其中至少有13万幅有原始底片。这些作品从1840年至今，主要分成两大部分：比较重要的永久性收藏以“P”开头，一般级别的收藏以“X”开头。

电话：020 7306 0055

地址：St Martin’s Place，London，WC2H 0HE

票价：免费

最近的车站：Charing Cross，Leicester Square，Embankment，或乘汽车到 Trafalgar Square

开放时间：周一至周四、周日、周六、周日 10:00—18:00，周五 10:00—21:00，圣诞节期间（12月24—26日）及1月1日闭馆

13. 萨默赛特美术馆（Somerest House Gallery）

萨默赛特宫是泰晤士河边一座华美雄伟的新古典主义宫殿，一直以来这里都是政府的办公场所，直到前几年才被改为美术馆对公众开放。萨默赛特美术馆精美的庭院拥有景观喷泉，水柱从地面喷涌而出，甚为壮观。每到冬季，萨默赛特美术馆的庭院就会被改建成溜冰场。

电话：020 7845 4600

地址：Strand, WC2R 1LA

票价：成人6英镑，折扣4.5英镑，学生、儿童及周一 10：00—14:00 免费

最近的车站：Temple，Charing Cross，Embankment

开放时间：周一至周日 10:00—18:00

14. 索恩爵士美术馆（Sir John Soane’s Museum）

索恩爵士美术馆是一个梦幻般的艺术宫殿，四层的博物馆就是索恩爵士的私人住宅。那里存放着约

翰·索恩爵士花费毕生时间收集的艺术珍品，包括 17 世纪至 18 世纪的雕塑、中世纪和文艺复兴时期的珍稀古董、彩色玻璃工艺品以及大量的绘画作品。这位著名的古典建筑师于 1837 年去世，身后将他的私人住宅、博物馆和图书馆都献给了国家。由于场地狭窄，每次的进场人数都有严格控制，一旦进入大门就必须将随身物品交由工作人员统一保管，严禁拍照。

电话：020 7405 2107

地址：13 Lincoln's Inn Fields，London，WC2A 3BP

票价：免费

最近的车站：Holborn

开放时间：周二至周六 10:00—17:00，圣诞节期间（12 月 24—26 日）及 1 月 1 日闭馆

15. 华莱士收藏馆（The Wallace Collection）

华莱士收藏馆是英国最私人化的博物馆之一，汇集了大量 17 世纪至 18 世纪的艺术作品，在华莱士收藏馆你可以了解到 18 世纪英国贵族的生活。馆中藏品以从文艺复兴到 19 世纪的绘画作品最为有名，其中又以 17 和 18 世纪的法国、荷兰和弗兰德斯的经典名作为亮点。华莱士收藏馆里的艺术品是第四代郝福特侯爵和他的私生子理查德·华莱士爵士的收藏。华莱士爵士 1890 年去世后，他的遗孀将所有的收藏捐给了国家，并以华莱士的名字建了这座博物馆。

电话：020 7563 9500

地址：Hertford House，Manchester Square，London，W1M 6BN

票价：免费

最近的车站：Bond Street

开放时间：周一至周日 10:00—17:00，圣诞节期间（12 月 24—26 日）闭馆

设计类博物馆

16. 维多利亚与艾尔伯特博物馆（Victoria & Albert Museum）

维多利亚与艾尔伯特博物馆，简称 V&A，坐落于伦敦南肯辛顿区，毗邻著名的科学博物馆与自然历史博物馆。它是全球最伟大的设计艺术类博物馆，是英国仅次于大英博物馆的第二大国立博物馆。V&A 博物馆创立于 1852 年，当时英女王维多利亚的丈夫阿尔伯特亲王领导策划的万国工业博览会获得空前成功，为了收藏并展示从博览会上收购的大量优秀作品和当代名师的杰出设计，阿尔伯特亲王决定建一个博物馆。 V&A 博物馆藏品涵盖设计领域的方方面面，如价值连城的珠宝、家具、东方地毯、意大利雕塑、银器、印刷品、绘画、照片和精美的服饰品等，展示了 3 000 年来世界各地的人们的艺术创造力。

电话：020 7942 2000

地址：Cromwell Road, London, SW7 2RL

票价：免费

最近的车站：South Kensing

开放时间：周一至周四、周六、周日 10:00—17:45，周五 10:00—22:00，圣诞节期间（12 月 24—26 日）闭馆

17. 设计博物馆（Design Museum）

位于伦敦东南部、泰晤士河南岸的伦敦设计博物馆成立于 1989 年，馆内展品几乎囊括所有的设计门类，从产品设计、建筑设计、平面设计到时尚创意等等。设计博物馆拥有一系列令人惊叹的当代设计，每个参观者都会为杰出的设计感到兴奋和激动。博物馆因其收藏和展示经典的现代设计和当代设计，被誉为“英国的设计文化拥有者”，并赢得了国际社会的称赞。馆内有一处时髦的咖啡厅，书店里也塞满了各种奇特的创意产品。新的设计博物馆已于 2012 年 9 月 18 日开工建设，预计将在 2015 年投入使用。新的设计博物馆处于肯辛顿区，面积是原博物馆的三倍以上，与著名的 V&A 博物馆、科学博物馆、自然历史博物馆、皇家艺术学院和蛇形画廊等都很近。

电话：020 7403 6933

地址：28 Shad Thames，London，SE1 2YD

票价：成人 11 英镑，折扣 10 英镑，学生 7 英镑，会员及 12 周岁以下免费

最近的车站：Tower Hill，London Bridge

开放时间：周一至周五 10：00—17：45，12 月 25、26 日闭馆

18. 杰弗瑞博物馆（Geffrye Museum）

杰弗瑞博物馆坐落于东伦敦的新兴文艺区，距离市中心只有几分钟的车程，它是伦敦最受欢迎的博物馆之一。藏品囊括了英国过去 400 年中产阶级的家居、家具及陈设品，向人们展现了英国社会从 1600 年至今的室内建筑风格的真实面貌与演变历程。

电话：020 7739 9893

地址：136 Kingsland Road，Shore ditch，London，E2 8EA

票价：免费

最近的车站：Hoxton Station，Liverpool Street，Liverpool Street

开放时间：周二至周六 10：00—17：00，周日和银行假期的周一 12：00—17：00，非银行假期的周一、圣诞节期间（12 月 24—26 日）、复活节前的星期五闭馆

19. 品牌、包装与广告博物馆（Museum of Brands,Packaging and Advertising）

在伦敦的诺丁山区距离著名的波多贝罗大街（Portobello Road）仅一个街区的一条幽静的马路上坐落着一座普通的建筑，这就是伦敦的品牌、包装与广告博物馆。这是世界上唯一一个以品牌为主题，跨越各个产品领域，将品牌、包装、广告及其承载物作为藏品的博物馆。包括各种包装盒、包装罐、包装纸、包装袋、招贴、生活器皿、书籍、杂志、儿童玩具、工艺品、装饰配件、月份牌，甚至还有购物篮和家用纺织品。

电话：020 7908 0880

地址：2 Colville Mews , Lonsdale Road , Notting Hill , London , W11 2AR

票价：成人 6.5 英镑 ，儿童（7—16 岁）2.25 英镑，家庭套票 15 英镑，团体票（10 人以上）9 折

最近的车站：Notting Hill Gate，Westbourne Park，Ladbroke Grove，Paddington

开放时间：周二至周六 10:00—18:00，周日 11:00—17:00，国家公共假期、周一、诺丁山狂欢节、圣诞节期间（12 月 24—26 日）闭馆

20. 时尚与纺织品博物馆（Fashion and Textile Museum）

时尚与纺织品博物馆坐落于伦敦东南部的 Bermondsey，由时装大师赞德拉·罗得斯（Zandra Rhodes）女士创办，是伦敦第一家以展示服装时尚和纺织品创新为主题的博物馆，博物馆将纺织业的发明与服装设计的教学活动融合在一起。博物馆是一栋醒目的现代设计风格建筑，由墨西哥知名建筑师里卡多·李格瑞塔（Ricardo Legorreta）设计。博物馆虽然不大，却可以称得上伦敦最前卫且具学术性的时尚艺术中心，藏品内容涉及面料、印花、成衣设计到珠宝配饰等各个方面。博物馆已经成为艺术设计类学生们的第二课堂。

电话：020 7407 8664

地址：83 Bermondsey Street，London，SE1 3XF

票价：成人 7 英镑，学生及优惠价 5 英镑，12 岁以下儿童免费

最近的车站：London Bridge

开放时间：周二至周六 11:00—18:00

21. 阿兰姆展示商店（The ARAM Store）

位于伦敦市中心考文花园（Covent Garden）核心区域的阿兰姆展示商店从 1973 年开设至今一直是英国现代家具的时尚前沿，是英国现代家具设计展示销售的一个重要窗口。这里不仅销售设计前卫的家具，而且还为那些刚刚毕业却极具设计潜力的年轻设计师提供展示其艺术才华的平台。

电话：020 7557 7557

地址：110 Drury Lane，Covent Garden，London，WC2B 5SG

票价：免费

最近的车站：Covent Garden

开放时间：周一至周三、周五、周六 10:00—18:00 ，周四 10:00—19:00，夏季销售季节的周六 12:00—18:00

特殊主题类博物馆

22. 儿童时代博物馆（Museum of Childhood）

儿童时代博物馆也叫 V&A 儿童时代博物馆，从组织结构上看它是 V&A 的一个分馆，但是由于场馆位置距离 V&A 较远，收藏主题与 V&A 没有什么交集，管理与宣传上又有相对的独立性，所以普通民众习惯把它看作一家独立的博物馆。儿童时代博物馆是英国最大的以儿童生活内容为收藏主题的国家博物馆。它的藏品时间跨度达 4 个世纪，从 16 世纪一直到现今。博物馆的藏品除了玩具、玩偶、玩偶的房屋、游戏、

等玩耍类之外，还涉及儿童时代生活学习的方方面面，诸如育儿、比赛、学习、服饰，另外还包括童年时代的各种代表物品、档案和一些短时效用品类的收藏品。

电话：020 8983 5200

地址：Cambridge Heath Road，London，E2 9PA

票价：免费

最近的车站：Bethnal Green，Shoreditch High Street，Whitechape，Cambridge Health

开放时间：每天 10：00—17：45

23. 英格兰银行博物馆（Bank of England Museum）

英格兰银行博物馆向人们展示了从 1694 年苏格兰银行成立到成为英国（大不列颠及北爱尔兰联合王国）中央银行的漫长历史过程，内容包括从历史文献资料的收藏、银行功能以及基本金融知识的介绍，到硬币、纸币、金砖的制作展示。英格兰银行博物馆是一个深入了解英国金融体系与发展变迁的最佳去处。这家博物馆实行严格的安全措施，每位参观者进门都要接受安检，全部展厅严禁拍照。

电话：020 7601 5545

地址：Bartholomew Lane，London，EC2R 8AH

票价：免费

最近的车站：Bank

开放时间：周一至周五 10:00—17:00；12 月 24 日、12 月 31 日 10:10—13:00；周末及公共节假日不开放，但周末公众参观日及伦敦市长大人狂欢游行日开放

24. 伦敦电影博物馆 (London film Museum)

成立于 2008 年 2 月的伦敦电影博物馆位于伦敦市的核心地带、泰晤士河南岸，毗邻伦敦水族馆，与著名的“伦敦眼”咫尺之遥。博物馆占据了市政厅（County Hall）这所宏伟建筑的整个二层。伦敦电影博物馆是英国唯一一个关于英国电影发展历史、电影制作的博物馆，展示了英国电影业的发展历程，共有 4000 多个电影场景和服装道具等原件物品。

地址：Queens Walk, South Bank,London ，SE1 7PB

时间：平日 10:00—23:45，周四、周日 11:00—23:45

票价：成人 13.5 英镑，团队有优惠

最近的车站：Waterloo，Charing Cross

25. 育婴堂博物馆（The Foundling Museum）

育婴堂博物馆是 1998 年根据代理人法案依法建立的一个独立慈善机构，目的是看管已经完成历史使命的育婴堂医院的大量艺术品和相关历史文献，并收集所收容孤儿的信息、研究导致孩童被遗弃的各种原因与社会根源。育婴堂博物馆不仅是英国第一所被抛弃孩子的家园，也是伦敦第一个公共艺术画廊。这里收藏着大量珍贵的画作、雕塑、手稿、家具、钟表和历史文物，这些艺术品绝大多数都是创作者本人捐赠的，育婴堂医院的三个创建者中的两个是艺术家，他们自己捐出了绝大多数的作品，也动员很多同时代的

艺术家为育婴堂的运营捐出自己的艺术品。

电话：020 7841 3600

地址：40 Brunswick Square, London, WC1N 1AZ

票价：成人 7.5 英镑（8.25 英镑的票含纪念品），优惠价 5 英镑（5.5 英镑的票含纪念品），16 岁以下儿童、育婴堂的朋友、艺术基金的会员免费

最近的车站：Russell Square, King's Cross, Pancras Street, Euston，St. Pancras

开放时间：周二至周六 10:00—18:00

26. 老手术室博物馆（The Old Operating Theatre Museum）

伦敦老手术室博物馆全称是"老手术室和草药阁楼博物馆"，这是一个原址地博物馆，位于泰晤士河南岸伦敦桥附近古老的圣托马斯教堂的顶层。它凭借独一无二的展览主题和具有历史意义的遗址价值成为伦敦最不同寻常的博物馆之一。这里完好保存着欧洲最古老的手术室和一个特别的草药阁楼。博物馆包含三个展示区：草药阁楼展示区、通道展示区和手术室展示区。

电话：020 7188 2679

地址：9A St Thomas's Street，London, SE1 9RY

票价：成人 5.8 英镑，儿童（16 岁以下）3.25 英镑，家庭套票 13.75 英镑（最多 2 个大人 4 个孩子），每周六 11—18 岁的年轻人免费（费用由 MLA 提供支持），团体票（有不同程度的优惠）

最近的车站：London Bridge

开放时间：周一至周日 10:30—17:00，12 月 15 日—1 月 5 日闭馆

27. 福尔摩斯博物馆（The Sherlock Holmes Museum）

福尔摩斯是由 19 世纪末英国侦探小说之父阿瑟·柯南·道尔塑造的一个才华横溢的侦探形象，现在已成为世界通用的名侦探代名词。基于"福尔摩斯"这个人物形象对英国社会的长期巨大影响，英国皇室破天荒地授予这个虚构的文学人物、小说主人公大侦探福尔摩斯爵士爵位，并于 1990 年建立了福尔摩斯博物馆。福尔摩斯博物馆位于伦敦贝克街上一幢 19 世纪初的维多利亚时代的普通四层公寓，如今它已被英国政府列入建筑和文化遗产保护名录。

电话：020 7935 8866

地址：221b Baker Street, London, NW1 6XE

票价：成人 6 英镑，儿童（16 岁以下）4 英镑，团体票 9 折

最近的车站：Baker Street

开放时间：周一至周日 9:30—18:00，12 月 25 日闭馆

28. 扇子博物馆（The Fan Museum）

扇子博物馆位于东伦敦历史悠久的格林威治核心区域，它是世界上唯一一个专注于扇子历史、制作工艺及各方面信息的主题博物馆，也是格林威治特色旅游景点之一。扇子博物馆成立于 1991 年，当年它就赢得了英国国家艺术收藏基金和英国旅游协会的奖励——艺术与旅游界的杰出贡献奖，现在扇子博物馆

已被列入了世界历史遗产保护名录。

电话：020 8305 1441

地址：12 Crooms Hill Greenwich，London，SE10 8ER

票价：成人 4 英镑，优惠价 3 英镑，7 岁以下免费，7—16 岁 3 英镑，团队票 2.5 英镑

最近的车站：Greenwich，Cutty sark

开放时间：周二至周六 11:00—17:00，周日 12:00—15:00

29. 园艺历史博物馆（Museum of Garden History）

兴建伦敦园艺历史博物馆的初衷是为了避免古老的圣玛丽教堂因为废弃而被拆除，它 1977 年始建，1980 年建成。圣玛丽教堂是英国历史上第一个伟大的园艺师和植物采集专家约翰·传斯特（John Tradescant）的安息之地。位于博物馆核心区的精致花园是由博物馆馆长的遗孀——索尔兹伯里侯爵夫人设计的。2008 年，园艺历史博物馆内部增加了一个新的区域——当代画廊，这里除了举办展览，还会定期组织一些以探索英国园林艺术为主题的项目和活动。

电话：020 7401 8865

地址：Lambeth Palace Road，London，SE1 7LB

票价：成人 5 英镑，老人 4 英镑，学生 3 英镑，16 岁以下儿童、失业者、残障人士、赞助人免费

最近的车站：Waterloo，Westminster

开放时间：周日至周五 10:30—17:00，周六 10:30—16:00

30. 音乐博物馆（The Musical Museum）

伦敦的音乐博物馆是世界上最著名的乐器收藏场所之一，藏品种类繁多，包括制作工艺极为复杂的钢琴、管弦乐琴、自动风琴和小提琴等大量珍贵乐器。从最小的八音盒、音乐钟表到教堂使用的具有自动弹奏功能的华丽兹剧院管风琴。馆内每项乐器都是古董级的物品，参观者不仅可以欣赏这些乐器精美的制作工艺，还能够聆听它们所发出的精美音色。音乐博物馆是由旧教堂改建而成，因此每当整点之时，各种乐器都会自动响起，令参观者置身于音乐的殿堂。音乐博物馆还收藏有大量的乐器原器件和各种部件，向参观者介绍乐器之所以能发出声音的工作原理。

电话：020 8560 8108

地址：399 High Street, Brentford, London,TW8 0DU

票价：成人 7 英镑，优惠价 5.5 英镑，16 岁以下儿童免费

最近的车站：Kew Bridge

开放时间：周二至周日 11:00—17:30

31. 伦敦摩托车博物馆（London Motorcycle Museum）

伦敦摩托车博物馆自 1999 年 5 月开馆以来已经成为一家很多人乐于前往的博物馆。这里的展品不只是静态的归档文件，而是一个活生生的资源展示，藏品包括许多摩托车原型和稀有车型。

电话：020 8575 6644

地址：Ravenor Farm，29 Oldfield Lane South，Greenford，UB6 9LB

票价：**成人 3 英镑，团体 1.5 英镑，儿童（5—12 岁）1 英镑**

最近的车站：Tottenham Court Road, Holborn

开放时间：**周六 、周日及法定节假日** 10:00—16:30

32. 邱桥蒸汽博物馆（Kew Bridge Steam Museum）

邱桥蒸汽博物馆位于英国伦敦西部的布伦特福德区（Brentford），邻近横跨泰晤士河上的邱桥。该博物馆建立于 1975 年，收藏了一系列供水设备和水泵蒸汽机，馆内所有的蒸汽火车都是由蒸汽驱动的，记录了 19 世纪的英国工业革命以及经济居于世界领先地位的辉煌历史。博物馆还收藏了世界上最大的康沃尔横梁发动机，以及 1846 年生产的至今仍在工作的横梁发动机“Grand Junction 90”。 邱桥蒸汽博物馆还是英国正在运营中的蒸汽铁路所在地之一，2 英尺的窄轨铁路由博物馆志愿者管理运营，吸引了大批游客乘坐观光。

电话：020 8568 4757

地址：Green Dragon Lane, Brentford, London Borough of Hounslow, TW8 0EN

票价：**成年人 10 英镑，团体 9 英镑，儿童（5—15 岁）4 英镑**

最近的车站：Kew Bridge

开放时间：**周二至周日** 11:00—16:00，**周一闭馆，法定节假日除外**

33. 水晶宫博物馆 (Crystal Palace Museum)

建于 1851 年、位于伦敦海德公园内的水晶宫是 19 世纪最具代表性的建筑，它是英国为第一届世界博览会（即万国工业博览会）而建的展馆建筑，由玻璃和铁两种材料构成，一经建成立刻引起世界各国的轰动，博览会结束后被拆除移到伦敦郊区的塞登哈姆重新搭建起来，1936 年 11 月 30 日晚这座名震一时的建筑毁于一场大火。为了保存民族的共同记忆、缅怀英国历史上辉煌的一幕，建立了水晶宫博物馆，博物馆里保存了所有关于水晶宫——这座堪称人类建筑史上最具革命性建筑的兴建、使用、拆除、重建、焚毁的档案文献和大量照片。

电话：020 8676 0700

地址：Anerley Hill，London，SE19 2BA

票价：**成人 3.5 英镑，儿童、老人 2.5 英镑**

最近的车站：Crystal Palace rail station，Peng West Station

开放时间：**（夏季）周六、周日** 11:00—16:00，**（冬季）周六、周日** 11:00—15:30

34. 伦敦汽车博物馆（London Motor Museum）

伦敦汽车博物馆展示了汽车从诞生之日起至今短暂而辉煌的历程，博物馆最重要的收藏当属 20 世纪 50 年代至 80 年代的一批顶级欧美私人老爷车。这些经典的老爷车车型和私人定制车型都非常抢眼。博物馆会定期举办各种活动和主题展览，以展示每款汽车独特的吸引力。汽车博物馆还提供租车服务，并积极承办企业和私人酒会，借以扩大影响、提高关注度、强化目标人群。

电话：0800 195 0777

地址：3 Nestles Avenue，Hayes，Middlesex，UB3 4SB

票价：成人 10 英镑，学生、老人 6 英镑，儿童（3—10 岁）英镑，家庭票（2 名成人，最多 3 名儿童）20 英镑

最近的车站：Hayes, Harlington

开放时间：周一至周日 10:00—18:00

35. 波洛克玩具博物馆（Pollock's Toy Museum）

位于 Scala Street 与 Whitfield Street 丁字路口的波洛克玩具博物馆红绿相间的大门和橱窗非常醒目，这座由两幢建筑组成的博物馆严格说来并不是通常意义上的博物馆，也不是玩具商店，而是一家信托机构，代为保管许多珍贵的玩具珍品。世界各地、不同年代的玩具都能在这里觅到踪迹，泰迪熊、中国娃娃、棋类游戏、光学玩具、民间玩具、幼儿园家具、机械玩具和娃娃的房子等应有尽有。

电话：020 7636 3452

地址：25 Scala Street，London，W1T 2HL

票价：免费

最近的车站：Goodge Street，Warren Street，Euston Square，Tottenham Court Road，Kings Cross，Pancras

开放时间：周一至周六 10:00—17:00，银行假期关闭

36. 沃科姆收藏中心（Wellcome Collection）

沃科姆收藏中心位于伦敦尤斯顿路 183 号，是一个免费为人们提供探索生命奥秘的场所，这也是创建者沃科姆爵士的愿望：让人们跨年龄、跨文化地了解到更多医学发展的知识。收藏中心展示了医药、生活、艺术三者的关系，以及三者从远古的过去到现在的演进历程。沃科姆收藏中心的藏品量之大之专业令人震撼，珍贵的实物和生动的公共事件史料都可以在这里见到。博物馆里还有一个专业的沃科姆图书馆，每年有 50 万游客到访参观，沃科姆收藏中心已成为伦敦发展最快的科学文化空间。

电话：020 7869 6560

地址：The Royal College of Surgeons of England，35—43 Lincoln's Inn Fields，London，WC2A 3PE

票价：免费

最近的车站：Holborn

开放时间：周一至周五 10:00—17:00

37. 卫队博物馆（The Guards Museum）

与白金汉宫毗邻、位于惠灵顿军营对面的卫队博物馆是人们了解英国卫队历史的绝佳去处。博物馆的展品绝大多数是自有馆藏，还有一些不定期从相关机构借来的以充实展览。伦敦卫队博物馆以传播军队文化和传承历史为己任，通过保护藏品和向民众宣传解释这些藏品来维护皇室卫队的至高名誉。

地址：Wellington Barracks，Birdcage Walk，London，SW1E 6HQ

参观票价：成人 5 英镑，65 岁以上的老人、军人和学生 2.5 英镑，现役军人 1 英镑，16 岁以下儿童

免费

最近的地铁站：St James's Park，Green Park，Waterloo，Charing Cross，Victoria

开放时间：周一至周日 10:00—16:00

38. 钟表匠博物馆（The Clockmakers' Museum）

淹没在伦敦市政厅迷宫一般建筑群中的钟表匠博物馆是最古老，也是被全世界的收藏家公认最有价值的博物馆。这里收藏了大量珍贵的各式钟表以及和计时有关的物品，藏品大多来自于钟表商名家公会，这些藏品完整记录了从 16 世纪至 19 世纪英国钟表和计时业的整个历史，人们到此参观能够对伦敦钟表制造业的发展脉络、各个时期的典型事件以及主要成就有一个清晰的认识。

电话：020 7332 1868

地址：Guildhall Library, Aldermanbury, London，EC2V 7HH

票价：免费

最近的车站：Bank，Moorgate，St Paul's，Blackfriars，Cannon Street，Fenchurch Street

开放时间：周一至周六 9:30—16:45

39. 塔桥博物馆（Tower Bridge Museum）

塔桥博物馆位于著名的伦敦塔桥内，收藏了关于这座桥梁修建过程的经典档案以及大量图片资料，向人们展示了这座最壮观桥梁的修建过程，同时也向公众介绍了大型船只通过塔桥的方式及其设计原理与工艺施工技术。由于其独特的地理位置，所以也是一处俯视泰晤士河的好地方。

电话：020 7403 3761

地址：Tower Bridge，London，SE1 2UP

票价:成人 5.5 英镑，5—15 岁儿童 3 英镑，学生、60 岁以上老人 4.25 英镑，家庭票（1 家长、2 儿童）10 英镑，（2 家长、1 儿童）12 英镑，（2 家长、2 儿童）14 英镑，5 岁以下儿童、残疾人士及护理人员免费

最近的车站：Tower Hill

开放时间：4 月 1 日至 9 月 30 日 10：00—17:30，10 月 1 日至 3 月 31 日 9:30—17:00

40. 科林克监狱博物馆（ Clink Prison Museum）

科林克监狱博物馆坐落于科林克监狱的原址，这是世界上最臭名昭著的中世纪监狱之一，也是英国最古老的监狱。进入馆内，参观者可以亲身感受酷刑，也能体验中世纪囚犯的狱中生活。大量文献诉说着这所监狱的故事和那些难以置信的历史事件：包括阴谋反对国王事件和"五月花"事件。博物馆还有一个只对成人开放的特殊展室，由于其血腥与残酷而禁止儿童参观。

电话：020 7403 6515

地址：1 Clink Street, London, SE1 9DG

票价：成人 7.5 英镑，16 岁以下儿童、学生、老人、残疾人士 5.5 英镑，家庭票（2 名家长、2 名 16 岁以下儿童）18 英镑

最近的车站：London Bridge

开放时间：7 月至 9 月：周一至周日 10:00—21:00；10 月至 6 月：周一至周五 10:00—18：00，周末 10:00—19:30，圣诞假期闭馆

41. 温布尔登草地网球博物馆（ Wimbledon Lawn Tennis Museum ）

温布尔登草地网球博物馆是世界最大的草地网球博物馆，1977 年开业。博物馆的收藏最远可以上溯到 1955 年的网球相关物品，展示了温布尔登的发展与奖杯的分配陈设，参观者可以观看到珍贵的录像资料。博物馆的互动触摸屏控制台能使参观者重临历史上著名的网球比赛，欣赏从 1880 年一直到今天收集的大量不同时代的网球服装。

电话：020 8946 6131

地址：Church Road，Wimbledon，London，SW19 5AE

票价：成人 8.5 磅，儿童 4.75 磅，

最近的车站：Wimbledon

开放时间：周一至周日 10：30—17：00

42. 英国光学协会博物馆（ British Optical Association Museum ）

英国光学协会博物馆由英国光学协会的 J．H．萨克利夫于 1901 年成立，1980 年英国光学协会自愿解散后，博物馆被归在新的英国视光师学院名下。一个多世纪过去了，它仍然是世界上公认的最古老和最好的光学博物馆之一。这家博物馆的独特与专业性体现在它的展品：18 000 多件的珍贵藏品包括验光历史的档案资料、眼睛标本和模型、视觉教具以及与视觉眼睛有关的艺术品，很多都是异常罕见和珍贵的。

电话：020 7766 4353

地址：College of Optometrists，42 Craven Street，London，WC2N 5NG

票价：免费

最近的车站：Charing Cross，Embankment

开放时间：周一至周五 9:30—17:00

43. 英国邮政博物馆与档案馆（ British Postal Museum and Archive ）

原英国邮政博物馆所在大楼 1998 年被出售，博物馆随之关闭。位于斯温登的新馆正在建设之中，计划一期工程将于 2013 年完工。 目前博物馆的全部邮政资料和物品暂时分两处存放：邮筒、邮车等大型立体展品收藏在伦敦郊外 Debden 的大型仓库内；照片和书籍等文件类展品则保存在伦敦市内 Phoenix Place 的邮局博物馆。仓库每月只开放一次，邮政博物馆与档案馆则每天开放，但由于是一处临时场馆，展览场地极为有限，因此展出形式以文字和图片资料的查阅为主，这里收藏了各种类型与邮政有关的照片资料，英国出版的邮政类书籍所刊载的照片几乎都是从此处借用的。

电话：020 7239 2570

地址：Freeling House，Phoenix Place，London，WC1X 0DL

票价：免费

最近的车站：Farringdon，King's Cross St.Pancras，Chancery Lane，Angel，Russell Square

开放时间：周一至周五 10:00—16:30

44. 南丁格尔博物馆（Florence Nightingale Museum）

南丁格尔是英国历史上最著名的女性之一，该博物馆记载了她不平凡的一生，向观众呈现南丁格尔真实的一面。博物馆收藏了南丁格尔生前留下的许多物品，包括她的著作。博物馆里还保存着 63 封南丁格尔给记者的信件及其有关于她的文章报道等。博物馆里有专业研究设施，如果想使用研究设施需要事先预定。

电话：020 7620 0374

地址：St Thomas' Hospital，2 Lambeth Palace Road，London，SE1 7EW

票价：5.8 英镑

最近的车站：Waterloo，Lambeth North，Westminster

开放时间：周一至周五 10:00—17:00，周六、周日及银行假期的周一 10:00—16：30

45. 川宁红茶博物馆（Twinings Museum）

川宁红茶因其皇家御用红茶的身份，在英国社会享有极高的地位和影响。川宁红茶博物馆位于伦敦市中心的一家茶叶商店内，从博物馆的众多收藏品中，参观者可以了解英国 300 多年的红茶发展史，感受到饮茶这种生活方式对英国社会生活的深刻影响，参观博物馆之余还可以顺便在前厅的售卖区买几包红茶尝尝。

电话：020 7353 3511

地址：216 The Strand，London，WC2R 1AP

票价：免费

最近的车站：Temple

开放时间：周一至周五 9:30—16:30

LONDON

最近的车站：Farringdon，King's Cross St.Pancras，Chancery Lane，Angel，Russell Square

开放时间：周一至周五 10:00—16:30

44. 南丁格尔博物馆（Florence Nightingale Museum）

南丁格尔是英国历史上最著名的女性之一，该博物馆记载了她不平凡的一生，向观众呈现南丁格尔真实的一面。博物馆收藏了南丁格尔生前留下的许多物品，包括她的著作。博物馆里还保存着63封南丁格尔给记者的信件及其有关于她的文章报道等。博物馆里有专业研究设施，如果想使用研究设施需要事先预定。

电话：020 7620 0374

地址：St Thomas' Hospital，2 Lambeth Palace Road，London，SE1 7EW

票价：5.8 英镑

最近的车站：Waterloo，Lambeth North，Westminster

开放时间：周一至周五 10:00—17:00，周六、周日及银行假期的周一 10:00—16：30

45. 川宁红茶博物馆（Twinings Museum）

川宁红茶因其皇家御用红茶的身份，在英国社会享有极高的地位和影响。川宁红茶博物馆位于伦敦市中心的一家茶叶商店内，从博物馆的众多收藏品中，参观者可以了解英国 300 多年的红茶发展史，感受到饮茶这种生活方式对英国社会生活的深刻影响，参观博物馆之余还可以顺便在前厅的售卖区买几包红茶尝尝。

电话：020 7353 3511

地址：216 The Strand，London，WC2R 1AP

票价：免费

最近的车站：Temple

开放时间：周一至周五 9:30—16:30

LON
DON